ダライ・ラマ 未来への希望

来日講演集

HOPE FOR THE FUTURE

ダライ・ラマ14世テンジン・ギャツォ 著
マリア・リンチェン 訳

大蔵出版

日本の皆様へ

日本でのチベット関係の活動、あるいは出版物に対する理解と関心は、今から十年、十五年ほど前の状況にくらべると、だいぶ高まってきました。

その頃、大半の日本の方々にとって、チベットという国についての知識は、主にテレビを通じて得られた、荘厳なチベット高原の風景や遊牧民の姿、五体投地、鳥葬、そして山頂や峠などにはためくルンタ（魔除けと祈りの旗）が思い浮かぶ「神秘的な国」という程度のものでした。日本から非常に遠い存在というイメージしか持っていなかったようです。

その後、多くの日本人が海外に出かけ、世界の様々な国々を旅する中で、特に欧米の少なからぬ人々の間でチベットの仏教文化が熱心に支持され、あるいは自然に受け容れられている事実を目の当たりにするようになり、「なぜ西洋人はチベット仏教への関心が高いのか」という疑問から始まって、自らも関心を持って勉強する人々が出てきました。あるいは、ダラムサラや南インドの亡命チベット人の居住地域にたまたま行き合わせ、インド人とは明らかに違う風貌の、むしろ自分たちに似た顔立ちの人々がなぜここにいるのか、という疑問から興味を持つようになった日本の方々もおられるようです。

チベットの仏教は七世紀にインドから伝えられ、以来、千数百年の時を経て、仏教文化はチベット人の日常生活の隅々にまで溶け込んでいます。その教えの真髄のおかげで、チベットの人々は、思いやり、やさしさ、慈悲の心をそれぞれの人生の中で、できる範囲で大切にしてきました。ダライ・ラマ法王はこうおっしゃっています。

「私は、世界の様々な国々を旅している間に、様々な人々と出会い、様々な文化について触れ、学ぶ機会がありました。そういう中で、千三百年もの間、インドのナーランダー僧院の伝統に則って私たちが守り続けてきた仏教文化は、関心を持ってくださる多くの方々に、十分貢献できる内容があることを確信しています。」

私たちチベット人は、ダライ・ラマ法王のこのお言葉を絶えず念頭に置いて、世界中のすべての人々とお互いを尊重し合いながら歩んでいきたいと思っております。

今年三月のラサでの騒動以来、日本のマスコミにも取り上げられるようになった、チベット問題に対するダライ・ラマ法王のお考え、発言は、その前と後とでいささかの変化もない一貫したものです。

法王は、チベット問題を解決するために、一九七〇年代の初頭から、亡命チベット代表者議会の正副議長や内閣の閣僚をはじめとする議会・政府関係者、学者などの有識者と何度も話し合いを重ね、チベット内外の状況、中国全体の状況、世界全体の状況を見極めた上で、「中道のアプローチ」という政策を打ち出しました。この政策はその後、亡命チベット人はもとより、チベット本国に住む人々の意見も可能なかぎり集約する形で民主的に採択されました。

「中道のアプローチ」のポイントは以下のとおりです。

現在に至るまでの約五十年間、中国政府がチベット自治区で行なっている政策を内外のチベット人は認めません。なぜなら、それは自治区とは名ばかりの、実際にはチベット人の人権を無視した独裁的な支配だからです。

しかしながら、私たちチベット人には、二千年以上にわたって独立国家を営んできたという、歴史的事実に基づく独立の権利がありますが、あえて独立を要求せず、真の自治が保証されるという前提のもとに、中華人民共和国という枠組内に留まることを明言しています。

その真の自治の内容とは、まず自治区の範囲はカム、アムド、ウ・ツァンというチベットの歴史的な三つの地方を一セットにしたものとし、外交と防衛の権限は従来どおり中国政府に委ね、その他の宗教・文化、教育、経済、健康、生態・環境保護に関する問題はチベット人が責任管理するというものです。これにより中国は社会的安定、領土保全が保障されることになり、チベット人は自らの宗教・文化や民族・個人としての権利と自由を回復することができます。

「中道のアプローチ」とは、暴力などの極端を排し、あくまでも平和的方法によって、チベット人と中国人双方にとって有益な社会をめざす政策です。これは、ダライ・ラマ法王の、チベットの文化、アイデンティティー、環境を守ることを、国家の独立よりも優先させたい、という切実なお気持ちから発想された政策なのです。

どうか日本の皆さんにも、チベット問題に関心を持って、何が真実なのかを注意深く見極められることを切望しております。

ダライ・ラマ法王には、二〇〇〇年からほぼ毎年のようにご来日いただくことができて、大変嬉しく思っております。

この法王来日の機会に、仏教的法話・一般講演などを通じて、現代の日本社会が抱える様々な問題の根底にある〈心〉のあり方について、日本の皆さんに少しでも参考になるものを提供できれば幸いです。

私たちチベット人には国もなく、経済的にも何も力がない中で、世界に貢献できるものと言えば、先ほどご紹介した法王のお言葉のように、仏教文化とそれに基づく哲学以外にはありません。したがって今回も、昨年十一月の法王来日時の法話・講演集を一冊の本にまとめることに全力を尽くしました。今後も日本の関心を持ってくださる読者のために、このような形でチベットの仏教文化の内容を提供し続けていきたいと思っております。

最後に、今回の法王来日ならびに法話・講演の実現・運営にご尽力ご支援くださった日本の団体・個人の皆様方に深く感謝の意を捧げます。また来日中の法王の通訳を務められ、引き続き本書の翻訳を担当してくださったマリア・リンチェンさん、さらに出版を快く引き受けてくださった大蔵出版に心より御礼申し上げます。

二〇〇八年七月

ダライ・ラマ法王日本代表部事務所代表
(Representative of His Holiness the Dalai Lama for East Asia)
ラクパ・ツォコ
(Lhakpa Tshoko)

目次

日本の皆様へ［ラクパ・ツォコ］　1
二十一世紀を担う日本の子供たちへのメッセージ　11
意義ある人生と教育とは　31
現代社会と精神的価値　49
信ずる心と平和　73
普遍的な責任感――私が旅する理由　101
宗教と調和　109
仏教の基礎――『般若心経』からカマラシーラ『修習次第』へ　123
ダライ・ラマ法王来日同行記――訳者あとがきに代えて　169

本文掲載写真撮影・提供　薄井大還©

ダライ・ラマ

未来への希望

二十一世紀を担う日本の子供たちへのメッセージ

世田谷学園　二〇〇七年十一月二十二日午前

慈悲の心に基づいて
すべての間違った見解を絶つために
聖なる仏法を説き示された
ゴータマ・ブッダに礼拝いたします

（ナーガールジュナの著作『中論』第二十七章最後の帰敬偈《ききょうげ》）

世田谷学園は、仏教の曹洞宗という宗派に属する学校ですので、まず講演を始める前に、釈尊に対する礼拝の言葉を唱えるのがよいのではないかと思いました。今、私が唱えたこの偈（詩）は、一世紀に現われた偉大なるインドの導師、ナーガールジュナ（龍樹《りゅうじゅ》）によって書かれたものです。

私は皆さんのような若い学生諸君に会えたことを大変嬉しく思っています。というのは、あなた方はこれからの新しい時代である二十一世紀を担っていく世代だからです。私はすでに過ぎ去った二十世紀に属する世代の人間であり、若い世代の人たちにこれからの時代への希望と信頼を託していて、あなた方はそういう新しい世代の若者たちなのです。

私は、二十世紀は人間の歴史において非常に大きな意味を持つ時代であったと思います。二十世紀は、原爆をも含めて、科学技術がめざましく発展したことにより、破壊の力が非常に高まった時代でした。そのため二十世紀には、多くの悲惨な殺戮が行なわれ、何百万人もの人たちが殺されています。そして、環境破壊も深刻化してしまいました。

その結果として、今、二十一世紀の始まりにおいても、過去において私たち人間が犯した間違いと無関心のために、私たちは様々な問題に直面し続けているのです。テロリズムや地球温暖化という問題もあります。

二十世紀前半においてなされた多くの間違った行為によって、いまだに私たちは多くの問題を抱えているということを考えると、私たちは人間としての十分な知性を持っているのですから、こういった過去の間違いを正しく分析する智慧も持っているのだということを、はっきりと認識しなければなりません。

基本的には、今、私たちが抱えている多くの問題は、私たち人間が作り出したものです。ですから、論理的に考えれば、私たち人間が、それらの問題を解決していかなければならないのであり、私たち人間が地球や環境に対して与えてしまったダメージを、最小限に食い止めていかなければなりません。

二〇〇一年九月十一日、ニューヨークとワシントンで、あの悲惨なテロ事件が起きました。それ以来、私がいろいろなところで多くの人々にお話ししてきたことがあります。

このような考えられない悲惨な事件が起きてしまったのは、めざましい科学技術の発展と人間の知性が結びつき、それが激しい怒りによって使われてしまったためです。原爆もまた同じです。

あなた方の国、日本は、それを実際に体験し、苦しんできました。テロも原爆も、科学技術と人間の知性が、怒りと嫌悪によって間違った方向に使われてしまった結果なのです。

科学技術自体はすばらしいものであり、多くの利益を私たち人間に与えてくれます。そして、私たち人間が持っている非常にユニークな特徴は、すばらしい知性を持っているということであり、これもまた、私たち人間のために多くの貢献をしています。

しかし、これらのすばらしいものが、もし怒りのような破壊的な感情によって使われてしまうと、悲惨な事件を引き起こすことになってしまいます。

二十世紀は流血の時代でした。戦争と暴力の時代でした。それによってひどい苦しみがもたらされ、私たちはその苦しみをいまだに引きずって生きているのです。

そこで私は、二十一世紀は対話の時代にするべきだ、ということをいつでもどこでも強調してお話ししています。戦争は、ただ原因があるから起きるのではなく、何らかの問題が生じた時、それを暴力的な手段によって解決しようとするから起きるのです。問題解決の方法として暴力を用いたことが間違いだったのだ、ということを、私たちは今、はっきりと認識しなければなりません。

暴力の孕んでいる危険性は、いったん力を用いてしまうと、結果がどうなるかを予知することはできない、という点にあります。最初の心の動機としては、問題解決のために限られた範囲内で力を使おう、と思っていても、それはすぐコントロールのきかないものになってしまい、予想以上の悲惨事をもたらしてしまうことになります。これが暴力の持っている特徴なのです。

ですから、力を使おうという心の動機や目的が、たとえ正当化されるべき正しいものであったとしても、いったん暴力という手段を用いてしまうと、その結果がどうなるかは予想がつきません。このように、暴力を使うといつも予想以上の悲惨な結果を招くことになってしまうのです。

そこで、問題解決のために、より現実的な方法として、状況に応じた対話を推し進めていくべきだと私は思います。何らかの問題に直面した時はいつも、対話という、より現実的な方法によって解決するのです。

私たちが生きているかぎり、いつでもどこでも問題が起きてくるのは当然のことです。たとえそれが国家間であっても、社会や個人のレベルであっても、それぞれの考え方の相違は常に存在しています。

そのような意見の違いによる問題が生じた時、その唯一の解決方法は、顔と顔を突き合わせて話し合うことです。お互いの人間としての権利を尊重し、相手の考えを理解しようと努め、和解することを考えなければなりません。

この世界に住んでいる六十億の人間たちは、地球という一つの惑星の中に住んでいる大きな人間家族の一員である、と考えることによって、他の人たちを自分の兄弟姉妹とみなし、対話によって和解し合うための努力をすることが何よりも大切です。

ですから、二十一世紀という新しい時代は、対話の時代であるべきだと私は思います。このように考えることによって、対話という概念を、私たちの生活の一部としていかなければなりません。

しかし、争いごとや問題に直面し、その問題をいかに解決するかを考える時、私たちはふつう力によってそれを解決しようと考えがちです。そして、生物学的に言えば、それは正しいことなのです。

何故ならば、怒りは自分を守り、敵を退ける働きをするものであり、逆境に立った時にそれを乗り越える力を与えてくれるからです。その逆に、執着という感情は、自分にとって好ましいものを自分の周りに集める働きをしています。ですから、怒りと執着は、私たちが生き延びるために必要なものでもあるのです。

しかし、私たち人間の場合は、すぐれた知性を持っているが故に、いったん怒りの気持ちを持つと、それはより強いものに膨らんでいきます。そして、自分を守るために怒りを使う、という自然の限界を超えてしまうと、怒りは破壊的な力を発揮してしまいます。

普通は、争いごとに出会い、自分の命の危険を知ると、その危機感によってある種の強いネガティブな感覚が生じ、それによって何らかの行動を起こすことになりますが、それは生物的な自然の反応であり、一定の範囲内のものであれば許されるべきものです。

しかし、それが許容範囲を超えてしまうと、話は別です。

たとえば、この人が私の意見に同意しない、というような時、すぐに自分が危険な目に遭うようなことはなくとも、知性を働かせることによって、「この人は私の意見に賛同しないのだから、いずれ私をやっつけにくるにちがいない。だから、今のうちに抹殺してしまおう」などと考えて、破壊的な感情を起こし、暴力的手段を使う、ということもありうるわけです。

こうなってしまうと、生物学的に見て、自分を守るために許される範囲を超えてしまうのであり、これは私たち人間にはよくある傾向だと言えます。

そこで、今度は人間の知性を正しく用いて、状況を分析することが必要です。力を使って問題を解決しようとすると、どうなるかを考えてみるのです。すると、暴力的な手段は、問題をさらにひどく深刻化してしまう、ということがわかります。

肉体的なレベルにおいても、いつも怒っていて、他の人たちへの強い嫌悪感を持っている人は、自分の健康をも害してしまいます。ですから、破壊的な感情が自分自身にとって、どれほど多くの害をもたらすかを考えて、このようなネガティブな感情をできるだけ減らし、最小限に食い止める努力をしていかなければなりません。


ここで、全く逆の機能を果たす、二つの相対する力について考えてみましょう。たとえば、暑さと寒さは、全く逆の働きをするものです。暑さが増すと、寒さは減っていきますし、寒さが増すと、暑さは減っていきますね。これは自然の法則です。

私たち人間の持っている感情にも、これと同じことが言えるのです。

つまり、二つの逆の働きをする感情が存在する時、片方の感情が強くなると、もう一方の感情は弱くなっていきます。

たとえば、怒りと全く逆の働きをするのは、愛や慈悲の心、つまり他の人に対するやさしさと思いやりです。愛と慈悲の心が強くなると、怒りの心は鎮まっていきます。怒りの心が強くなると、愛と慈悲の心は弱くなってしまいます。これも自然の法則です。

ですから、私たちがやさしさや思いやりなどのよい心を高めていく努力をすれば、怒りなどの破壊的な力を持つ悪い感情をなくしていくことができる、ということがわかりますね。

このようにして、人間に与えられたすぐれた知性を使って物事を分析し、考えることによって、自分の心の中に存在している悪い心をだんだんなくしていくことができるのです。これはとても重要な分析であり、対話によって問題を解決し、心の勇気を養うための最も大切な要素となっています。

対話によって問題を解決するためには、相手の権利を尊重し、相手の意見を尊重することによって、違ったものの考え方をする人たちのことを理解しようと努力することが大切です。それによって、お互いに歩み寄り、和解することができるからです。

そのためには、心の勇気と決断力が必要となります。そして、心の勇気を生む土台となっているのが愛と慈悲の心、つまり相手に対するやさしさと思いやりなのです。やさしさと思いやりがあれば、耐えることができます。忍耐とは、一見弱さの現われのように見えますが、実際には、他の人たちに対する愛と慈悲の心に基づいて出てくる強さの現われなのです。

他の人たちへのやさしさと思いやりがあれば、自分に自信があれば、耐え忍ぶことができます。このように、やさしさと思いやりがある人の行ないは、正直で真実のものとなり、それが内なる心の勇気と自信を与えてくれるのです。

その逆に、嘘を言ったり人を騙したりしていると、自分に自信を失うことになってしまいますし、内なる心の勇気もなくしてしまいます。

たとえば、二人の人が口論をしている場合を考えてみると、正直で、真実を述べている人は、自信を持って立ち向かうことができますが、正直でなく、嘘を言っている人は、自分に自信がないため、すぐに力を使いたがる傾向があります。非常に明らかですね。

このように、心の勇気を育て、対話を促進することはとても大切なことであり、何らかの問題が生じたら、力に訴えるのではなく、対話によって解決しようと努力するべきなのです。そして、そうすることができるために必要なのは、やさしさと思いやりであり、それに加えて智慧も必要とされてきます。

もし、あなた方が毎日の生活の中で、より多くの知識と教養を得ようとしているのなら、もっと他の人たちに対するやさしさと思いやりを育むことに関心を持ってください。そうすれば、あなた方の得る知識や教養が、より建設的な目的のために使われるようになり、あなた方自身の人生も、より幸せに、より平穏なものになることは間違いありません。

そしてもちろん、生徒諸君を教えている先生方の立場も、非常に重要です。生徒を指導する時も、教室で生徒を教える時も、生徒たちに対する心からのやさしさと思いやりに基づいて生徒を導いていくならば、生徒たちも単なる知識を得るだけでなく、いかに慈悲深い人間として行動していくべきかを学ぶことができるでしょう。

これが、新しい時代を担う若い学生たちが、この二十一世紀をより平和で、より友好的に、そしてより慈愛に満ちあふれた時代として形作っていくための準備となるものなのです。

それでは皆さんからの質問を受けたいと思います。

Q1　法王様は、僕らと同じ十代の頃、何を考えて生きていましたか？

法王　私も皆さんと同じです。十代前半の頃は、休暇のことだけを考え、遊ぶことだけを考えていて、勉強には関心がありませんでした。

Q2　僕たちと同じように、休日と遊ぶことだけを考えていたのに、どうしてそんなに偉くなれたのですか？

法王　そうですね、十五、六歳の頃になってから、初めて真面目に仏教に対する興味と関心を持つようになりました。それからは仏教の勉強をし、修行をするということを真摯な態度でするようになったのです。

Q3　今の日本は他の国とくらべてどのような点が違っていますか？

法王　この学校の生徒たちは、規律を守って大変礼儀正しいと思います。規律を守る礼儀正しさには、二つの面があります。

一つはそのよい面であり、決して混乱を起こさず、めちゃくちゃな行動はしないということです。

もう一つの欠点となりうる面は、もし規律正しくなりすぎると、人間としての個性と創造力を伸ばしていく妨げになることもあります。

その他には、日本に来ると、他の国とは違った文化、言語、習慣を見ることができます。

世田谷学園の生徒たちと

私が初めて日本を訪問した時に思ったのですが、この国は、近代の科学技術が大変発展していて、近代的な教育制度の整ったすばらしい国だと思いました。

それと同時に、仏教を含めて、非常に豊かな伝統的な文化を持っている国だと思いました。そこで、日本は、物質的に発展した近代的な面と、豊かな精神性を持った伝統的な面を、両方結び合わせていくことのできる可能性を持った国だということを感じたのです。

私はそれを、日本の皆さんに是非実現していっていただきたいと思いましたので、最初の訪問の時から、日本に来るたびにそのことを何度もお話ししています。

Q4 平和で幸福な社会を築いていくためには、どのようなことをすればよいのでしょうか？

法王 本当の意味での、永続する世界平和を達成するためには、まず私たち一人ひとりが、内なる心の平和を築かなければなりません。私たち一人ひとりに内なる心の平和があれば、世界平和は自然に達成することができるのです。

そして、内なる心の平和を得るためには、内面における武装解除をすること、つまり、他の人を害そうというような破壊的な心をなくすことが必要だと、いつも私はお話ししています。それには、一人ひとりが努力して、怒り、嫌悪、嫉妬などの悪い感情をできるだけなくし、抑制しようという努力をすることが必要です。

そして、我々はみな一つの人間家族であり、自分はその人間社会の一員である、という認識、つまり、私たちはみな一つなのだ、という認識を高めていくことです。これを、私は普遍的な責任感と呼んでいます。

これこそ、内なる武装解除を実践していくためのプロセスなのです。そして、この普遍的な責任感を、他の人たちに対するやさしさと思いやりを土台にして高めていくのです。このようにしていくと、先ほどお話しした対話の精神が自然に育まれてきます。

こうして私たちは一歩ずつ、本当の意味での、外面的なレベルにおける武装解除を実行していくことができるのです。日本は、この世界の中で、それを実践するための指導的な立場に立つことができる国だと私は思っています。何故ならば、原爆によって悲惨な苦しみを体験している日本こそ、強い平和への願いを持っているからです。

Q5　万物は移り変わっていきます。このように移り変わっていく世の中において、法王様が持ち続けられている変えられないものとは何でしょうか？

法王　これはとても複雑な質問ですね。大まかに言うならば、私たちの心の本質は、変えられないものであり、変える必要のないものだと思います。

たとえば、幸せになりたいという願いや欲望を持つことは、私たちの権利であり、論理的に見て正しいものであり、自然の欲求なのですから、変えなくてよいものだと思います。

Q6 法王様は、仏教のことについて学び始める前は、具体的にどういう職業につきたいと考えておられたのですか？

法王 私は子供の頃から小さな機械いじりがとても好きでした。たとえば、何か機械仕掛けのオモチャをもらうと、しばらくはそれで遊びましたが、すぐに、そのオモチャがどういう仕掛けで動いているのかを知りたい、という好奇心がムクムクと頭をもたげてきて、そのオモチャを分解し、ついに壊してしまう、ということをよくやりました。

ありがとうございました！

皆さん非常に元気よく質問をしてくださり、生徒諸君の大いなる情熱と熱心さに、私は大変感銘を受けました。これはとてもすばらしいことです。

今朝この会場に来る前に、この学校では、生徒たちもみな仏教の授業を受けており、週に一回、坐禅堂で瞑想をしているということを聞きました。これはとてもよいことです。

西洋のいくつかの大学では、科学者たちが選ばれた学生たちを対象に一定期間瞑想をさせ、その前と後でどのような変化があったかを調べる、というリサーチを行なっています。そしてその結果、瞑想をすることによって精神的なストレスが減り、血圧が下がるという効果のあったことが報告されています。

このように、瞑想をすることは、健康面から見ても非常に役に立ちますし、心を鋭く研ぎ澄ますことができるのですから、皆さんのように定期的に瞑想を行なうということは、自分にとって大変役に立つすばらしいことなのです。

最後にもう一つ、皆さんにお話ししたいことがあります。

最近よく聞くことですが、日本だけでなく他の国々においても、若い人たちや学生たちの間に、孤独感に苛まれたり、落胆したりして自殺する人が増えているそうです。

私自身ももちろん、困難や複雑な問題に直面して、とても不幸な気持ちになったり、望みを失ったりすることがあります。生きていれば、心配や不安は当然起きてくるものなのです。

そのような時は、その状況をいろいろな角度から見て、より広い視野に立って考えることが大切です。そうすると、自分の直面している問題の違う局面が見えてきます。

不運なこと、悪いことは誰にでも起きるものです。しかし、仏教的な観点から言えば、物事はすべて相対的に存在していて、絶対的なものはありません。悲惨な状況にも、必ずよい面があります。あるいは、自分がその悲惨な状況を、建設的でポジティブなものに変えることもできるのです。

つまり、困難な状況に出会ったとしても、それは自分にとって役に立つことにもなりうるわけですから、逆境に立った時は、その悪い面ばかりを見ずに、もっと広い視野に立って様々な角度から考えてみることが大切です。

私はこれを、是非皆さんと一緒に分かち合いたいと思いました。

私にとって、心配事がある時、そのストレスを和らげるために、これはとても役に立つ方法だからです。

そしてもう一つ、これも日本に来た時に何度かお話ししていることですが、若い人たちは、よく勉強をしてください。そして、他の国々に行って、自分が勉強したことを生かして、助けを必要としている人々のために働いてください。教育や訓練、健康や医療などの様々な分野において、あなた方の学んだことが役に立つことが必ずあるはずです。

そうすれば、あなた方自身の人生が意義あるものとなり、何かをやり遂げたという満足感を得て、自分に自信を持つことができます。心配ばかりして自分の殻に閉じこもり、悩んだりしていないで、外に出ていくことです。そしてもっと広い世界を見ることで、より広いものの考え方をするように努力してください。

私の話はこれで終わりです。

意義ある人生と教育とは

日本大学豊山中学校・高等学校　十一月二十二日午後

他に依存して生じたものは
滅することなく、生じることなく
断滅でもなく、常住でもなく
来ることなく、去ることなく
異なることなく、同一でもないと
戯論《けろん》を滅して、寂静《じゃくじょう》を示された
説法者の中で最も勝れた方である
完全なる仏陀に礼拝いたします（ナーガールジュナ『中論』冒頭の帰敬偈）

この学校は、仏教のお寺である護国寺と関係のある学校なので、最初に、釈尊に対する礼拝の偈を唱えました。今、私が唱えたこの偈は、ナーガールジュナ（龍樹）の最も重要な著作であり、空の教えを説いた『中論』の最初にある帰敬偈です。

先ほど護国寺を訪問した時、ナーガールジュナと、その一番弟子であったナーガボーディ（龍智）が描かれている掛け軸を拝見しました。そこで特に私の目を引いたのは、ナーガールジュナがその手に金剛杵《こんごうしょ》を持っておられたことです。

中観《ちゅうがん》哲学の偉大な導師として広く知られているナーガールジュナが、密教の象徴である金剛杵を持っておられるということは、大変重要なことであり、ナーガールジュナが密教の教えを護り伝えた修行者・導師でもあるという証拠だからです。

私は今まで、ナーガールジュナが金剛杵を持っておられる仏画を一度も見たことがありません。ですから、この掛け軸を見たことを、生涯ずっと覚えていると思います。

そこで、この講演のはじめに、ナーガールジュナによって書かれた、釈尊への礼拝の言葉を唱えようと思ったのです。

私は今、とてもさわやかな気持ちです。何故なら、皆さんが若いというだけでなく、皆さんのそれぞれの顔が光り輝いているのを見て、感銘を受けたからです。こうして皆さんと一緒にひと時を過ごせることを、大変幸せに思っています。

先ほど一人の先生がおっしゃったように、チベットは標高がとても高く、「世界の屋根」とも呼ばれているところです。

一方で、あなた方日本人は海と同じレベルで暮らしていて、地球温暖化がますます進んでいることを考えると、東京の大部分はいつか海の底に沈んでしまうかもしれない危険にさらされているわけですね（笑）。

私たちの間には、このような大きな違いがあります。しかし、私たちは同じ人間です。肉体的にも、精神的にも、感情面においても、全く同じなのです。

そして私は今、皆さんと同じ一人の人間として、ここでお話をしています。その意味において、皆さんと私には、何の違いもありません。


さて、あなた方は二十一世紀を生きていく世代であり、これからの新しい世界を形作っていく人たちです。

私はと言うと、人生のほとんどを二十世紀に生きてきたので、私は二十世紀の人間だと言うことができるでしょう。二十世紀はもうすでに過ぎ去ってしまい、決して戻ってくることはありません。時間は常に移り変わっていくものであり、たとえ一瞬の時間でさえ、同じところに留まり続けることはないからです。

今、二十一世紀が始まったところですが、あなた方は、今世紀を生きていく、とても大切な世代です。何故なら、過去は過去であり、それが幸せな時代であっても、不幸な時代であっても、過去はすでに過ぎ去った時間だからです。

しかし、未来はこれから開かれていく時間であり、どんなことも可能です。そして、どんな未来が来るのかは、現在に依存しています。

あなた方は、今から未来のための準備をしていく世代であり、未来におけるよりよい世界を作っていくために、大変重要な役割を担っているのです。

二十世紀は、好むと好まざるとにかかわらず、暴力と流血の時代になってしまいました。その結果として、二十世紀後半からは、世界中で平和や非暴力への願いが一気に高まっていきました。イラク危機の前には、オーストラリアやアメリカなどで、何百万人もの人たちが反戦を唱え、武力を用いることに反対したのです。

これらのことは、人々が本当に暴力沙汰に嫌気がさした、というしるしだと思います。今もまだ、暴力や悲惨事が起きている地域があるにもかかわらず、世界の状況はずっとましになってきました。

二十世紀の時間のほとんどは、東西に分かれた緊張状態が続いて、最終的には双方とも核兵器を用いて戦う準備までできてしまいましたが、そのような戦争への恐怖が消えたということは、大きな変化だと言えます。世界はずっと健康的になったのです。

今、私たちが生きている二十一世紀は、二十世紀の続きであり、平和への願いが高まって、核兵器に対する恐怖が減少しました。このように、今の時代は二十世紀の続きとして存在しているのです。

そこであなた方は、今からやってくる未来に、一体どういう世界を求めているのか、明らかなヴィジョンを持つべきだと思います。

この二十一世紀は、平和の世紀になるべきです。そして平和とは、祈るだけで得られるものではありません。平和は、努力なしに達成することはできず、平和を求めるなら、それなりの努力が必要です。

平和とは、単に暴力が存在しない、という状態を意味するのではありません。この世界には、違いや争いは常に存在していて、暴力が登場する可能性はいつでも潜んでいるわけですが、それを意図的に努力して、暴力を用いることを慎み、問題を平和的手段によって解決しようという努力をすることこそ、本当の意味の平和なのです。

ですから、平和な二十一世紀を作るためには、私たちが多大な努力をしなければならず、そのような努力をするためには、二つの大切な要素が必要です。

その第一は、意志の力です。もちろん意志の力には、悪いことをしようというネガティブなものもありますが、ここではポジティブな意味での意志の力、つまり何かよいことを成し遂げようという、建設的な意志の力のことを言っています。

そして、このような意志の力は、よい心の動機、つまり慈悲の心に依存していて、それは、他者の命と権利に対する思いやりを持つことなのです。

第二の要素は、智慧です。私たちは、リアリティーを知る智慧を必要としています。暴力を使うと、より多くの痛みや苦しみが生じるということを知ることが必要です。

現実的に見て、暴力を使えば、結局お互いの破壊をもたらすことになるのですから、現代において問題を解決するためには、暴力は非現実的な手段であるということを知ることが必要です。自分のとった行動が、一体どういう結果をもたらすことになるのかを、完全に知る智慧を持たなければなりません。

このような智慧と意志の力をともに持ち、持続的な努力をしていけば、この二十一世紀を平和の時代として築いていく可能性が、私たちに開かれているのです。

さて、今日のトピックは、「意義ある人生と教育とは」ということでしたね。

慈悲深い心の動機があれば、どんな行ないも建設的なよいものとなります。慈悲深い行ないとは、他者に対するやさしさと思いやりに基づいた行ないのことであり、それは自分にとっても、他者にとっても、常によい結果をもたらします。

これは、私があなた方学生諸君と分かち合いたいと思っている、とても重要なことなのです。

人は時に、慈悲の心に基づいた行ないの結果は、明らかに他の人たちのためにはなっても、自分のためになるとはかぎらない、と思っているようです。さらに、他者の痛みや苦しみを深刻に考えて心配したりすると、自分の心の平和が破壊されるかもしれない、と考えて、他人のことには関わらない方がいい、と思っていたりするかもしれませんが、このような態度は大きな間違いなのです。

他者のために、と思ってした行ないでも、実際にその人のためになるかどうかは、その人がどう受け取るかによって変わってきますが、慈悲の心に基づいた行ないがもたらすよき結果は、実は、自分自身にまず現われてくるのです。

たとえば、ストレス、不安、心配、恐れ、嫉妬などは、私たちの内なる心の平和を破壊しますね。これらの感情は、実際に私たちの心をかき乱す働きをしています。

一方で、他者へのやさしさと思いやりを持つ慈悲の心は、ストレスやイライラなど、すべてのネガティブな感情を鎮めてくれる働きをするのです。

お医者さんをはじめとする科学者たちが、健康についての会議を開いた時、ある科学者が研究に基づいたデータを発表しました。その研究結果によると、「私が」「私は」という言葉をたくさん口にする人たちには、心臓発作が起きるリスクがより高いというのです。それが何故なのかは説明されませんでしたが、たぶんそれは事実だろうと私は思いました。

人がしょっちゅう口にする言葉は、その人の心を反映するものです。ですから、いつも「私が」「私は」とばかり言っている人は、心の奥深くで、とても自己中心的な考え方をしているのです。

その結果として、極端な利己主義は、内なる心の扉を閉ざしてしまい、他の人たちとの人間関係を困難にしてしまうのです。そしてそれが、恐れや不信感を生み、さらに緊張やストレス、多くの不安をもたらすことになってしまいます。

その逆に、慈悲深い心は、自分の心の扉を開き、その結果、他の人たちとの人間関係をよりスムーズにしてくれます。そしてそれが、不安や心配、孤独感を減らしてくれるのであり、これが慈悲の心のメカニズムなのです。

ですから、慈悲の心に基づいた行ないをすると、そのよき効果はすぐに自分に現われるのであり、これは私たちが知るべきとても重要な事実だと言えます。

さらに、お医者さんたちは、恐れ、強い怒り、憎しみは、私たちのからだの免疫機能を低下させる感情であり、その逆に、慈悲深い心は免疫機能を高める効果がある、と述べています。

ですから、健康を維持し、病気を予防するためには、穏やかな心を持つことがとても大切な要素となっており、病気の回復時においても、平穏な心を維持することはとても重要なことなのです。

　このように、やさしさと思いやりを意味する慈悲の心は、大変重要な働きをする感情であり、精神面において、自分自身にはかり知れない利益をもたらしてくれるとともに、肉体面においても、健康維持のために大変役立つものなのです。


　それでは、意義ある人生を過ごすには、一体どうすればよいのでしょうか？

　やさしい心を持ち、他の人たちに対する思いやりを持つことによって、あなた方自身の人生がより幸せで、より平穏なものになれば、自然に多くの友人ができます。本当の意味での友人が増えて、多くの笑顔をもたらしてくれます。慈悲ある心は、自然によい雰囲気を作り出すのです。

　しかし、誰かが機嫌を損ねて叫び出したとたんに、そのよい雰囲気は失われ、緊張状態が生じます。たとえ動物たちですら、平穏で、平和な雰囲気を好み、それを喜ぶものです。大きな音がしたり、危険が迫ったりすると、動物たちはすぐに緊張しますね。私たち人間も全く同じなのです。

　このように、慈悲深い心は、意義ある人生を過ごすための土台となる、非常に大切なものだということが理解できたと思います。

人間の長い歴史の中で、ライフスタイルは大きく変わってきました。しかし、やさしさと思いやりを持つことによって、意義ある人生を過ごすことができるということは、人間の進化の歴史の最初から現在に至るまで、変わることなく同じであると思います。

では、教育についてはどうでしょう？

人間のライフスタイルは大きく変わってきました。古代においては、人間の生活はとてもシンプルなものでしたが、時の経過とともに次第に変化し、特に産業革命後は大きく変わりました。そして近代においては、複雑な機械がいろいろ登場するにつれて、私たちの生活はますます快適になり、洗練されたものになってきました。

そこで、教育や訓練なしでは、生活していくことは難しくなってきたのです。つまり、やさしさと思いやりを土台にした上で、近代教育と近代的訓練が必要になりました。生活はより複雑になりましたが、慈悲の心に基づいた近代教育と近代的訓練があれば、幸せな生活を得ることができるのです。

私たちは、このようにして内なる幸せを築くことができるのであり、一人ひとりが内なる幸せを得ることによって、本当の世界平和を築くことができます。

武器や怒りによって、世界平和を築くことはできません。智慧とともにやさしさと思いやりを持つことによって、はじめて世界平和は可能となるのです。

これらのことを、皆さんと分かち合いたいと思いました。若く、賢く、新鮮な気持ちを持った学生の皆さんは、これからの長い未来のために、これらのことを準備していっていただきたいと思います。

皆さん、何か質問はありますか？

Q1 僕は、世界平和とは、世界の人々が家族のように笑い合い、心を開いてありのままを話せる世界だと思います。戦争、内乱、テロが多い世の中ですが、法王様はどう思われますか？ そして僕たち若者に何を求めますか？

法王 平和とは、先ほどお話ししたように、単に暴力や戦争がない状態を意味するのではなく、私たちみなが努力して、武力を使わないようにすることが基本だと思います。

そのことを土台として私たちがめざすべきあり方が、あなたが今言ったようなことであり、あなたの考えどおりだと思います。

そしてもう少し説明させてもらえば、世界的なレベルにおいて、貧富の差が大きいという問題があります。北半球はより裕福で、それにくらべると南半球は貧しいのです。

さらに同じ国の中でも、たとえばアメリカという最も裕福な国の中でも、非常に大きな貧富の差が存在していて、裕福な家庭と貧しい家庭があります。これはすべての問題の源であり、倫理的な問題であるだけでなく、実際面における問題となっています。

そして、あまりに個人や国家の違いをとりたてて、自分や自分の国家の興味や関心ばかりを強調しすぎるのもよくないことです。他の人たちや、別の国家の関心事も尊重されるべきであり、誰もそれを無視することはできません。

この世界には、約六十億もの人間が住んでいるのですから、そのすべての人たちのためになることをまず第一に考え、尊重することが大切です。

そしてその次に、宗教、文化、民族などによって分けられる様々な社会が持っている関心事を尊重するべきなのです。

つまり、個々の違いばかりを強調するのではなく、全体としての人間社会は一つであり、自分もその大きな人間家族の一員である、という感覚を持つことが大切です。

これを私は、「普遍的な責任感」という言葉で呼んでいます。この地球に住んでいるすべての人たちが、人間社会全体に対する責任を負っていこうという自覚を持つべきだ、ということです。

そして、真摯な態度で環境に対するケアをし、様々な病気や貧富の差のない、高い水準における完璧な世界平和を達成するために、これらのすべての問題を適切に表明し、その解決のために、一人ひとりが責任を持って努力をするべきなのです。

ですから、あなたの言うことは、全く正しいと思います。

Q2 人は誰にでも孤独というものがあると思います。法王様は、孤独だった時、どうやってその壁を乗り越えましたか？　また、その支えになったものは何ですか？

法王 今日の話の中ですでに触れましたが、自分自身の心の持ちようがどういうものであるかによって、精神面に大きな違いが生じてきます。

もし、自分があまりに狭い考え方をしていて、極端に自己中心的だったりすると、東京のような大都会には何百万人もの人たちがいますが、その一人ひとりはとても孤独になってしまいます。

しかし、自分の心がより開かれていて、他の人たちに対するやさしさや思いやりを持っているならば、どこにでも友達を見つけることができます。たとえ実際には一人でいても、いたるところに友達がいる、と心で感じることができるのです。

もし、私たちがやさしい平和な気持ちを持っていれば、動物や鳥たちでさえその気持ちを感じて、同じように反応してきますね。

しかし、狭い心を持ち、強い欲求不満に捉われていて、叫んだり怒ったりするならば、たとえ動物たちでも寄りつかず、離れていってしまうでしょう。

自分の心が平穏で、思いやりのある正しいものならば、たとえ周りの人たちが自分に敵対していたとしても、それによって心の平和が乱されることはありません。

その逆に、もし自分の心がネガティブなものなら、たとえ最高の友人に囲まれていて、すばらしい環境や設備がすべて整っていても、その人は幸せにはなれません。

ですから、幸せかどうかということは、自分の心の持ちように依存しているのであり、精神的なレベルの話なのです。

私たちは、様々な喜びや痛みを体験しますが、このような幸せと苦しみの感覚は、私たちにとって最も重要なものとなっています。そして幸せと苦しみには、精神的なものと肉体的なものがあり、精神的なレベルのものの方がより大きな影響力を持っているのです。

ですから、私たちが精神的に平穏な状態であれば、たとえ肉体的に何らかの問題があっても、それはさほど大きな問題にはなりません。

しかし、私たちはふつう、物質的な価値に対してより大きな関心を払っていて、精神的な体験の方を軽視する傾向がありますが、それは単に、即物的・感覚的な体験の方がより強く、より敏感に感じることができるからです。精神的な体験の感覚は、それよりもインパクトが弱いと言えるでしょう。

それで私たちは、即物的・感覚的な幸せをより重要視して、きれいなものを見たり、快い音楽を聞いたり、おいしいものを味わったりすることから得られる喜びの感覚を常に追い求めています。

物質的なものをより重要だと考え、物質的な条件が整っていれば、すべての問題が解決される、という間違った望みを持つことによって、外面的な快適さをあまりに信頼し、物質的なものにあまりに依存しているわけですが、それは間違った考え方なのです。

実際には、私たちが体験するものには、肉体的なレベルと精神的なレベルがあるにもかかわらず、私たちは外面的で物質的なものの向上ばかりを追いかけています。しかし、こういった物質的なものによって、孤独感や悲しみなどを取り除くことはできません。

孤独感、悲しみなどの精神的な苦しみを克服し、減らしていくことは、心の持ちようを変えることによってなさなければなりません。ですから、心の持ちようを正すことは、とても重要なことなのです。

Q3 ダライ・ラマ法王は、幼い頃に法王に任命されたと聞きましたが、普通の子供だったらよかったと思ったことはありますか？

法王 前にお話ししたとおり、私はただの一人の人間です。皆さんと同じなのです。私が若かった頃は、怠け者の学生で、いたずら好きの普通の子供でした。

Q4　ダライ・ラマ法王が亡命された時、そのシャツ一枚でヒマラヤ山脈を越えたと聞きましたが、寒くなかったですか？

法王　チベットにある夏の宮殿、ノルブリンカから逃げ出した時、私は兵士に変装していましたので、ごく普通のチベット人の服を着て、英国製のライフルを持っていました。長い距離を行くにつれて、そのライフルがますます重く感じられて大変でした（笑）。

そしてインドにたどり着いて、最終的に私の住居となるところに着くまで、普通のチベット人の服を着ていましたので、寒さはそれほど問題ではありませんでした。

しかし、あなたが言うとおり、高い山の上では寒くて風がとても強いのです。法衣を着ている時は、寒いだけならこんなふうに袈裟を頭から被って寒さをしのぐこともできますが、風が強いとそれもできません。あれほど長い距離を行くには僧侶の格好ではとても困難ですから、法衣を着ていたらあなたの言うとおり寒くて大変だったと思います。

Q5　私たちのことをどう思われますか？

法王　若くて、賢くて、さわやかな学生たちだと思います。

そして、あなた方日本人の学生たちは、規律を守る礼儀正しい学生たちだと思います。

私が初めて日本を訪問したのは一九六〇年代の後半ですが、それ以来、私は日本に対して次のような強い印象を持っています。

日本という国には、神道と仏教を含めて、大変豊かな伝統があると同時に、近代教育と近代の科学技術を持っています。ですから日本は、その近代的な設備と、何世紀も昔から伝わっている伝統的価値を結び合わせることができるという、非常にユニークな可能性と力を持っていると思います。

さらに、皆さんのような若い世代の人たちは、年配の人たちにくらべて体格がよく、背も高いですね。

ありがとうございました。

現代社会と精神的価値

八王子ホテルニューグランド　十一月二十一日

さて、今日は、まず最初に私が話をして、そのあとで皆さんとオープンディスカッションをしたいと思っています。それでよろしいでしょうか？（拍手）

では最初に、私の心の中に常に存在し続け、自分の人生における使命と考えている二つの大切なことを、皆さんとともに分かち合いたいと思います。

その第一は、人間価値の促進です。これは、私たちの心の中に本来的に備わっているよき資質を高めていく、ということを意味しています。

より幸せな考え方をすることによって、より幸せな家庭生活を築き、より幸せなコミュニティーを作るためには、お互いの信頼関係を築くということがその土台になります。そして、私たちは一人の個人として存在していると同時に、社会生活を営む生き物として生きています。その意味において、たとえ個人がどれほど強い力を持っていたとしても、友人が誰もおらず、独りぼっちだったとしたら、その人は決して幸せにはなれません。

私たち人間は、社会生活を営むことによって生きていくことのできる動物なのですから、友人と一緒にいる方がずっと幸せになれるのであり、その友人関係は、お互いの信頼に基づいていなければなりません。

もし、あなたが友人に対して嫉妬や、不信感や、恐れなどを持っていたならば、本当の意味における友人関係を築いていくことはできません。真実の友人関係を持つことができなければ、たとえあなたがお金持ちで、億万長者であったとしても、心の奥底では、とても孤独な人間になってしまうことでしょう。

ですから、人との信頼関係を持つことは大変重要なことであり、それに加えて、あたたかな思いやりは欠かすことのできない重要な要素となってきます。もし、あなたに心の底から相手を気遣う気持ちがあれば、その人との間には、自然に信頼感と尊敬が芽生えてくるはずです。それを私は「人間としての価値」と呼んでおり、あたたかな思いやり、つまり慈悲の心を意味しています。

さらに、私はそれを「世俗の倫理」とも表現しています。何故かと言うと、そのような愛情は、宗教に対する信心によって育まれたものではなく、生まれたその時からごく自然に私たちが体験してきたものだからです。

生まれてすぐの赤ちゃんは、母親の愛情を感じると、この上ない幸せと安心感を体験することができます。その時の赤ちゃんには、その人が一体誰なのかも認識することはできませんが、母親を信頼しきって、生き延びていくために完全に母親に依存しています。そして母親の方も、生まれた子供に対するはかり知れない愛情を持っていて、たとえ自分の命を犠牲にしてでも、子供を助ける心の用意があるのです。これは、たとえ動物でも同じです。

私たちの人生は、このようにして完璧な愛情に包まれて始まっています。現代の医学者たちも、誕生後二、三週間の赤ちゃんにとって、ただ母親に触れてもらうことが、適切な脳の発達を促すために不可欠な一つの要素となっている、ということを報告しています。

さらに、科学者たちの最新の発見によると、より深い愛情を持った人の方がより強い免疫機能を持っているそうです。しょっちゅう怒ったり、怖れや不安にかられている人は、それによって自分の免疫機能を低下させていることになります。

愛情は、宗教的な信心をすることで芽生えてくるものではありません。もちろんすべての宗教は、愛と慈悲の重要性を説いていますが、人生の一番はじめである誕生の瞬間には、誰も宗教に対する信心を持っているわけではありません。

しかし、母親の愛情のおかげで、私たちは生まれたその時から、すでに愛情を感じ、育んでいく可能性を持っているのであり、生物学的に、私たちは誕生のその瞬間から愛情を体験しています。

このように、愛情は、基本的に宗教と関係のあるものではないので、私はこれを「世俗の倫理」と呼んでいるのです。

私自身の場合を考えてみると、私の母はとてもやさしい人で、私の兄弟は誰も、母が怒ったのを見たことはありませんでした。母はいつも笑っていて、慈悲深いやさしい人だったのです。ですから、私に慈悲の心を教えてくれた最初の先生は、宗教の師ではなく、母だと私は思っています。

普通は誕生後最低二、三ヶ月、そして私の場合は、四歳になるまでずっと母と一緒に過ごしましたが、その間私は深い母の愛情を感じて育ちました。ですから、今私が持っている愛情の種は、母によって植えられたものだと私は思っています。

また、多くの私の友人は、二、三年経ってから会っても私の顔は変わっておらず、七十二歳の人のようには見えない、と言います。私は特に何もしていませんが、毎日の生活の中で、欠かさず行なう勤めがあり、それはかなり固定されたものとなっています。

そして、仏教僧として夕食はとらない、という戒律を守っていますが、それが役に立っているような気がします。夕食なしで生活することは、誰にでもできることだと思います(笑)。

夕食を抜くことは、健康にもいいことですし、しっかり朝食と昼食を食べれば、夕食はとらなくてもいいのです。特に、ダイエットを気にしている人だったら、夕食は少なくした方がいいでしょう。

しかし、もっと重要なのは、心の平和を維持することです。

もちろん、私の人生には、いつもいろいろな問題がありました。困難もありました。もし私が心配ばかりしていたら、心配の種は尽きることがなかったでしょう。

しかし、私は二つのことを修行してきました。一つは慈悲の心を維持することであり、特に、問題を起こす人たち、ふつう敵と呼ばれている人たちに対して、私はいつも本物の慈悲の心を持つように努力しています。

もう一つは、いつも状況を現実的に捉えるようにすることです。物事を狭い視野で見るのではなく、いろいろな角度から見て、現実的に考えるのです。これは、不安や心配、ストレスを減らすのに大変役に立ちます。

これらの修行のおかげで、私の心は比較的平和に保たれていると思っています。そしてこれは、健康面にも大変よい効果をもたらしてくれます。

人だけでなく、哺乳類の動物たちもまた同じですが、私たち人間はお互いに愛情を表現する能力を持っています。特に、母親の子供に対する愛情はそうです。ですから、私たちはみな、愛情を高め、ますます促進していく努力をするべきだと思います。これが、私自身が自分の人生において使命としている第一の点です。

私が使命としている第二の点は、違った宗教間の相互理解を深め、調和を図るということです。

私は仏教の僧侶ですので、仏教の概念を実際に実践してきました。ですから、私自身の体験を通して、自分の信じる宗教に従って修行をすることはとても役に立つ、ということを知っています。

その観点から言えば、他の宗教が持っているよい点とその価値を知ることは、お互いのためになることなのです。そこで、様々な宗教に対する尊敬と理解に基づいて、違った宗教間の調和を図る、ということは可能なことであり、努力する価値があることだと思います。

ですから、私の二番目の使命は、違った宗教間の調和を図ることなのです。

さて、今日のトピックは、「現代社会と精神的価値」、つまり、物質的な発展と精神的な調和ということでしたね。そこでまず、近代性とは何を意味するのかを考えてみたいと思います。

近代性とは、主に肉体的な面における体験に関するものだと私は思います。たとえば家の構造や、様々な機械、衣服、食生活などの分野における工業化された生活の様式を、主に近代性と呼ぶのだと思います。

違う環境のもとでは、ある程度まで精神的なレベルの違いも出てきますが、私たち人間の持っている感情面や心配事に関しては、古代社会も現在における近代社会もあまり変わりはないのではないでしょうか。

近代性とは、主に外面的な世界に関わることであり、あまり内面的な心の世界に関わるものではないと私は思います。つまり、「近代社会」と「物質的社会」は、だいたい同じことを意味しているようです。

もし、近代的な発展の意味するものが、外面的な世界のものであるとすれば、当然、精神的なものとは内なる世界、つまり、私たちの持っている感情や心などを意味しており、それらは、近代的な発展とは必ずしも連動してこなかったということになりますね。

私たちは心とからだを持っていて、たとえ心とは何かを定義することは難しくても、心とからだが、精神的な面と物質的な面に関わっていることは明らかだと思います。

そして、「心」についての科学的な見解は、単にニューロンと呼ばれる神経細胞があるだけであり、それ以外には何もない、というのが伝統的な科学者たちの考え方です。しかし最近では、より開けた考えを持っている神経科学の分野の科学者たちの中に、そういった考え方に対する疑いを持ち始めている人たちがいます。

つまり、「心」と言われるものには、ある種の微細なエネルギーがあって、それは本質的にニューロンと呼ばれる神経細胞とは違うものの可能性もあるのではないか、と考えるようになってきているのです。

ここでは、深いところまで突っ込んだ話はしませんが、肉体的な感覚以外で、単に何かを体験し、感じることができるという認識力が、いわゆる「心」と言われるものであり、それは「からだ」とは別に存在している、ということなのです。つまり、「からだ」と「心」という二つのレベルが存在しているわけです。

そして、肉体的な苦しみは、精神的な力によって乗り越えることができます。肉体的に耐えがたい苦痛があったとしても、精神的なレベルの力でそれを耐え抜くことができるのです。

しかしその逆に、精神的な苦しみを肉体的なレベルのもので乗り越えることはできません。つまり私たちには、肉体的なレベルの体験と、精神的なレベルの体験があるのです。

皆さんはどう思いますか？

様々な修行をしている人たちの中には、精神的な満足感を得るために、時には肉体的に非常につらいことを喜んで受け入れている人たちもいますね。たとえば、スポーツ競技をしている人たちがその一例です。

オリンピックで優勝するために、何年もかけて準備をして、肉体的につらい練習を重ねている人たちがたくさんいます。彼らは、苦しい練習をすればするほど、その目的を遂げた時には、「ついにやった！」「つらい練習をした成果だ！」「本当によかった！」という精神的に非常に高揚した満足感を得ることができるのです。

これは、肉体的なレベルの満足と、精神的なレベルの満足という二つのレベルが存在することを示しています。前にも述べたように、肉体的な苦しみは、精神的な満足によって乗り越えることができますが、精神的な苦痛は、肉体的な快適さによって克服することはできません。

私にはアメリカ人の友人がおり、彼は大変裕福な億万長者です。肉体的なレベルから見れば、すべてのすばらしい設備や環境が整った暮らしをしていて、何も心配する必要はありません。しかし、精神的には大変不幸な人であり、彼を見ていると、肉体的に快適な生活が、精神的不幸を癒すことはできないことがわかります。

これは、精神性は肉体をはるかに越えたものである、ということを示しています。つまり、物質的・外面的な発展は、肉体的な快適さを与えてくれますが、精神的幸福感を与えてはくれません。これはとても明らかな事実です。

　そこで、物質的に恵まれ、外面的に見てすべてのものが整っているにもかかわらず、内面的には心配事や不安、恐れ、孤独、嫉妬、怒り、ストレスなどの精神的な苦しみをたくさん抱えている社会があるのであり、日本の人たちもまた、そのような精神苦を体験しているのではないでしょうか。

　私がよくする話ですが、精神的な問題を抱えていて、心の平和を求めている人が、スーパーマーケットに小切手を持っていって、「心の平和が欲しい！」と叫んだところで、店の人は笑うにちがいありません。そして、「この人は、きっと頭がおかしいにちがいない」と思うことでしょう。

　このように、この世の中には、心の平和を売っている店など一つもありませんね。ダイヤモンドや、その他のいろいろな宝石や貴金属は売っていますが、精神的な資質に関しては、自分自身で自分の心の中に育むよりほかに、手に入れる方法はありません。

　誰かがそれを手伝うこともできませんし、どこかから買ってくることもできません。つまり、物質的発展は心の平和を与えてはくれないのです。

　そこで、心の平和は、自分で心を訓練することによって築かなければならず、それが精神性と言われるものなのです。

私たちは心とからだを持っていて、その両面において幸せを得たいと望んでいます。肉体的な快適さは物質的発展が与えてくれるものであり、精神的な幸福感は精神性によって育まれるものなのですから、物質的な発展と精神的な向上の二つを、ともに結び合わせて生きていかなければなりません。

それが私の考えです。

さらに、精神的なレベルのものには、二つのカテゴリーがあります。

すでにお話しした精神性は、ある種の方法手段によって心の平和を築くものであり、これが精神性の持つ意味だと私は思います。そしてこれには、二つのカテゴリーがあるのです。

第一のカテゴリーは、信心、たとえば神に対する信心が心の平和をもたらしてくれるというものです。

第二のカテゴリーは、絶対的な創造主としての神などの存在を認めない人たちのグループです。このカテゴリーに共通するのは、単なる信心によってではなく、理由を用いて分析するという方法に基づいていることです。

たとえば、前にお話ししたとおり、私は物事をより現実的に見るようにしていますが、そのようにして、心が作り出している虚像の部分をできるかぎりなくし、現実を正しく見るということを行ないます。このようにして、理由づけを用いて調査と分析をすることによって、心の平和を得るのです。

この第二のカテゴリーの中にも、さらに二つの分類があります。

その第一番目は、宗教に信心をしていない無宗教の人たちです。彼らは、もちろん神や創造主が存在するという考えは持っておらず、単に、因果の法に従って、すべてのものは因と条件に依って生じてくるというものの考え方をしています。来世のことを云々するのでもなく、今世のことだけを考え、理由を用いて分析的な考え方をし、より現実的に考えることによって、心の平和を築くわけです。

これは宗教に対する信心に基づくものではないので、私は「世俗の倫理」と呼んでいます。つまり、来世のことも、天国や涅槃《ねはん》のことも考えず、ただ今世を幸せな人生にすることのみを考えているからです。アートマン、魂、自我などについて考えたりする哲学的なことにも一切お構いなく、理由を用いて分析することで、ただ今世のことだけを考える方法論なので、「世俗の倫理」と呼んでいるのです。

第二番目は、世俗のレベルではなく、ある種の信心に基づいたものです。信心と言っても、ここでは理由などを用いて分析することによって得られた確信に基づく信心を意味しており、仏教はこの中に含まれます。

第一のカテゴリーである、神への信心をする人たちの場合は、神の存在を理由によって証明しようとすると大変難しいことになってしまいますね。そこで最終的に、ただ神という絶対的な存在を信じることだけが、大切な役割を果たすわけです。もし神の存在を証明しようとすると、それと矛盾するような理由も同時に出てきてしまって、とても難しいことになってしまうので、結局ただ信心するというレベルに依存して生きていくことになります。

しかし、第二のカテゴリーである、絶対的な創造主としての神などの存在を認めない人たちの場合は、理由によって証明しようとすることで、心に確信を得ることができます。そして、このカテゴリーに属する仏教の中でも、特にサンスクリット語の伝統においては、たくさんの論理を用いるという、非常に細かい論理的なシステムが説かれています。

何故ならば、論理が非常に重要視されているからです。システマチックで論理的な考え方が、すべてを明らかにする方法として使われているのです。そのような明らかな理解に基づいて、信心をしていくことができるのです。

さて、質疑応答に入りたいと思います。

Q1　宗教的な信仰心の中には、アルカイダのように敵を殺すために手段を選ばないものもあります。そのような過激な宗教に対して、法王様はどうお考えになりますか？

法王　イスラム教は、この世界における神を信じる宗教の中で、とても重要な宗教の一つです。おそらく信徒の数は十億人くらいいるのではないでしょうか。

イスラム教は基本的に、慈悲の心の重要さを大変強調して説いています。彼らがアラーの神を称賛する時、「アラー」という名前そのものが、限りない慈悲の心を象徴しているのです。

あるイスラム教徒の友人が話してくれたことですが、「自分はイスラム教徒であると宣言した上で、もしその人が流血の惨事を引き起こしてしまったなら、彼はもうイスラム教の修行者ではない」と言われているそうです。

また、あるイスラム教の伝道師は、「イスラム教の修行者なら、アラーに対する愛と同じように、他のすべての創造主たちを愛さなければならない」と説かれていることを私に話してくれました。

ですから、全体的に見れば、イスラム教の人たちも、愛、慈悲、自己規制など、他の宗教と同じ教えを持ち、それを心に維持しているのです。

しかし、アルカイダと呼ばれる人たちは、悪いイスラム教徒なのだと私は言っています。

悪いことをする人は、どこにでもいるもので、もちろん仏教徒の中にも悪い仏教徒はいます。キリスト教徒、ヒンドゥー教徒、ユダヤ教徒、そしてたぶん神道の信者の中にも、悪いことをする人はいるでしょう。さらに言えば、釈尊のおられた時代にも、悪いことをする人はいたはずで、こうして考えてみると、どの時代にも、常に悪い人はいるものなのです（笑）。

悪い人は、二つのカテゴリーに分けられると思います。

一つは、本当に悪い人です。つまり、誠意を持って自分の宗教を信じているのではない人です。ただ宗教の名前を使って、政治や経済、その他の違う目的のために利用しているだけであり、これらは本当に悪い人です。

もう一つの場合は、たぶん真摯な態度で心から信心をしているのでしょうが、問題なのは、真理は一つであり、宗教も一つでなければならない、というあまりに強い考えに捉われているために、他の宗教は宗教ではない、と考え違いをしている人たちです。

つまり、原理主義者と言われる人たちは、他の宗教とその伝統に対する理解が欠けているために、そのような間違いに陥っているのです。

イスラム教徒のことを考えてみると、私の住んでいるインドには、何千万人ものインド人のイスラム教徒たちがいます。彼らは何世紀もの間、ヒンドゥー教徒、ジャイナ教徒、シーク教徒、そして仏教徒などの他の宗教を信じる人々とともに生きてきたので、彼らは他の宗教が存在するという事実を素直に受け入れて生きているのです。つまり、真理は一つでなければならず、宗教も一つであるべきだ、というような狭い考え方をしてはいません。

ここで重要なのは、真理は一つであり、宗教も一つでなければならない、という考え方と、いくつかの真理があり、いくつかの宗教があってよい、という考え方の矛盾を乗り越える方法を見つけなければならない、ということです。

個人の場合には、一つの宗教だけを信じ、その宗教が説いている真理だけに従う、というやり方が強い信心を育むためには必要であり、それが重要になってきます。

しかし、社会全体のためには、いくつかの宗教が存在し、それぞれの宗教が説いているいくつかの真理がある方が適切です。何故かと言うと、社会全体には、違ったものの考え方をし、様々な興味や関心を持つ人たちがいるので、そのすべての人たちが自分に合った宗教を選ぶことができるように、いろいろな宗教があって、いろいろな真理が説かれている方がよいからです。

つまり、個人についての場合と、社会についての場合を正しく使い分けなければなりません。

Q2　科学者は、人間の精神的満足にどのように貢献すればよいのでしょうか？

法王　前にお話ししたとおり、科学者の中にも、そしておそらく日本の科学者の中にも、心の役割の重要性について考え始めている人たちがいるように思います。

特に、健康に関する心の役割についてですが、たとえばアメリカのウィスコンシン大学では、過去何年かにわたって、ある特別な脳の部分についての調査を行なっています。

そして、瞑想者が、慈悲の心、空、無常などについて瞑想したり、あるいは、ただ何も考えない無の状態に留まって瞑想したりする時、これらの脳の状態のスキャンをとってみると、それぞれ違った場所の脳が活性化していることを発見したのです。

さらに、別のある有名な科学者が、選ばれた学生たちのグループに三、四週間瞑想をしてもらい、その前と後で、ストレス、血圧、心拍数などを調べるというリサーチをしましたが、その結果、瞑想の前と後では、非常に明らかな違いが出たのです。慈悲の心、注意深さについて瞑想したあとは、特に大きな違いが生じています。

つまり、このような科学者たちの研究結果によって、瞑想のもたらす効果が明らかに裏づけられ、証明されているのです。これは、科学者たちによる精神性への大きな貢献だと思います。

それに、先ほど述べた話ですが、ある科学者たちは、今までの伝統的な科学の見解に対して疑問を持ち始めています。心といわれる微細なエネルギーは、たぶん脳細胞や神経細胞とは全く別の独立したものなのではないかという、非常にオープンな考え方をしている人たちもいるのです。

また、ある時、ある病院のラボで、私は神経学のお医者さんと議論をしたことがあります。

もし、科学者たちが言うように、心が脳の細胞から生じたものならば、心にどんな変化が起きても、それは必ず脳の細胞の変化から生じているはずです。

しかしその逆に、私たち自身の体験に照らし合わせてみると、時には心の中でいろんなことを考えているだけで、それが脳に変化をもたらすことがありますね。これを、私はそのお医者さんに話したのです。

するとそのお医者さんは、「それはありうる話だと思いますが、科学の立場から言えば、あってはならないことです」と言いました。

それ以上、議論は続きませんでした。「あってはならない」と言ってしまえば、それで議論は終わりですからね（笑）。

意識（心）に変化が生じて、それによって脳に変化が生じることがある、と言われれば、それには同意できるが、あってはならない話だと科学者は言うわけです。何故ならば、意識であれば、脳から生じたものだからであり、これが伝統的な科学者の考え方なのです。

しかし最近では、科学者の中にも、もっと開かれた心を持って、伝統的な見解に疑問を持つ人たちも出てきています。

さて、ご質問は、「科学者は人間の精神的満足にどう貢献すればよいか」ということでしたね。

そこでまず私が言いたいのは、科学的な研究によって、私たちの心や感情の持っている重要な働きを知ることができる、ということです。

そして次に、どうやって私たちの持っている悪い感情を克服していくことができるのか？　ということですが、それは薬によってでしょうか？　違います。手術によってでしょうか？　違います。

私が思うには、いつか悪い感情にまみれた脳を摘出して、汚れのない神聖な脳に入れ替えてもらうこともできるようになるかもしれませんが、現在それは不可能な話ですね（笑）。

ですから、自分の悪い感情を克服していくためには、自分で自分の心を訓練するよりほかに、方法はありません。

心の訓練は宗教ではありません。だから西洋の学者たちは、仏教は宗教ではない、と言っているのです。厳密に言えば、宗教は神に対する信心でなければならないので、仏教は宗教ではなく、心の科学だと言っているのです。

つまり、仏教の考え方は、心を訓練する必要性とその方法論を説いており、科学の研究は、心の訓練がいかに重要であるかを示してくれているのです。

すでに科学的研究は、慈悲の心についての瞑想が、私たちのからだ、特に免疫機能に対して偉大な効果をもたらすということを証明してくれています。物理学、特に量子力学の分野においてもそうです。

十年以上前のことですが、ある時インドで科学者たちとの会議があり、原子力の研究を専門とする有名なインドの物理学者と話をしたことがありました。ある時彼は、今から二千年も前にナーガールジュナが書いた著作を発見し、それを読んでみると、そこには量子力学の理論と同じことが書かれていた、と言うのです。仏教の学者であるナーガールジュナが、それも二千年も前に、現代の量子力学が発見したことになっていることをすでに述べていた、という事実を私に話してくれたのです。

同様に、アインシュタインの発見した相対性理論も、仏教の概念にとてもよく似ています。

しかし普通は、精神性や信心と、革新的な科学との間には大きなギャップがあって、互いにかけ離れた存在のように思われています。

信心の面から言うと、先ほど仏教は宗教ではないと言ったとおり、仏教は無神教の一種です。しかし、革新的な科学者たちの考えによると、仏教は精神性です。ですから仏教は、強い精神性と革新的科学の両方に属しているわけです。

そこで仏教は、近代的で革新的な科学の領域と、精神的価値との間をつなぐかけ橋となれる可能性を持っていると私は思います。

そのような理由から、私は過去二十年以上もの間、非常に熱心に科学者たちとの対話を続けてきました。今では、仏教徒たちが近代科学のことを学び、科学者たちも人間の心や感情についての情報を仏教徒たちから学ぶということが、大変有意義であることが明らかになったのです。

私たちは、すでにこの計画を実行に移しており、南インドの僧院で勉強している選ばれた僧侶たちが、六年以上前から、毎年科学の教育を受けています。そして現在、アトランタのエモリー大学では、インドにいるチベット人の僧侶たちが五年間の科学教育のコースを受けるためのテキストを、英語からチベット語に翻訳するというプロジェクトが始まっています。このように、私たちはいろいろな協力をし合っているのです。

これが、私もエモリー大学の客員教授になった理由です（笑）。しかし、私は教授の就任式で、「私は教授の称号をいただいて大変名誉に感じていますが、まず第一に、私には学生を指導する時間がないこと、第二に、私は宿題を決してしない怠慢な人間であること、という二つの理由で、実際には私は絶望的な教授になってしまうことでしょう」という話をしたのです。

この二十一世紀に、これからの未来において仏教の果たす役割は、精神的価値と近代科学を結びつけていくことにあると思います。宗教的な人は、ふつう科学からは離れているようですが、そのような必要は全くありません。科学もまた、真実を探求するための手段だからです。

どうもありがとうございました！

信ずる心と平和

パシフィコ横浜 国立大ホール 十一月二十日

他に依存して生じたものは
滅することなく、生じることなく
断滅でもなく、常住でもなく
来ることなく、去ることなく
異なることなく、同一でもないと
戯論を滅して、寂静を示された
説法者の中で最も勝れた方である
完全なる仏陀に礼拝いたします（ナーガールジュナ『中論』冒頭の帰敬偈）

最初に、私たちの恩深き師である釈尊が、縁起の見解を土台として、空という深遠なる教えを説かれたという、そのはかり知れない徳と叡智を思い起こすために、釈尊に対する礼讃偈を唱えました。

ふつう私は、法話でも、一般講演でも、フォーマルな形ではなく、形式ばらずにお話をしています。そこで今日も、完全にインフォーマルな形でお話をさせていただきたいと思いますが、もしそれが皆様に快適でない思いをさせてしまうようなことがありましたら、どうかご容赦いただきたいと思います。

そして、この舞台の上は照明がとてもまぶしく、皆さんのお顔もよく見えませんので、この帽子を被らせていただくことをどうかお許しください。

これはチベットの僧侶が被る帽子ではありません。チベットには、黄色、赤、黒などの僧侶が被る帽子がありますが、これはそういうものではありません。このサンバイザーは、アメリカの友人がくれたもので、とても役に立っています。実用的で、軽いので、どこへ行く時でもカバンに入れて持っていけますし、とても便利なのです。

さて、皆さんの中には、英語がわかる方が結構いらっしゃるのではないでしょうか。英語のわかる方、手をあげてみてください。

あまりいらっしゃらないようですが、少しはおられるようですから、ブロークンイングリッシュですが、英語でお話しすることにしましょう。

特に、英語を話さない日本の方々に言いたいのですが、私は英語が下手なのです。それに、私が年をとるにつれて、私の英語も年をとってしまいました（笑）。

ですから、私の英語は完璧ではありませんが、こんなブロークンイングリッシュでも結構役に立っています。特に、英語圏の国に行って話をする時は、直接聴衆の皆さんとお話しできるので、とても便利です。また、時間の節約にもなります。ここでは日本語に通訳されますが、とりあえず私のブロークンイングリッシュでお話ししたいと思います。

さて、私たちは今、二十一世紀を生きています。二十一世紀は二十世紀の続きとして存在しているので、戦争、流血の惨事、そしてテロリズムなどもあって、この新しい世紀の始まりはあまり健康的とは言えません。

多くの国がいろいろな問題を抱えており、特に若い人たちの間には、精神的な危機も訪れています。

さらに、環境破壊の問題も明らかに深刻化していますし、世界的なレベルにおいて、貧富の差も拡大しています。これは一つの国の中における問題でもあり、アメリカのような最も裕福な国にも貧富の差が存在しています。

日本は経済大国ですが、そんな日本の中にも貧富の差はあって、貧しい日本人もいるでしょう。これは倫理的に間違ったことであるだけでなく、実際面における問題の源となっています。

私たちが直面しているこれらの問題は、私たち人間が作り出した問題です。過去になし

新幹線の車中で

た間違いによって、あるいは、過去に無関心であったために、あるいは、無知であったために、私たちは今、これらの問題に直面しているのです。

では、このままでは世界はますますひどくなっていって、最終的に六十億の人間たちは、暗闇に向かって突進していくのでしょうか？　答えはもちろん、ノーです。

世界がどういう方向に向かっていくかは、私たち自身の心の持ちようや、どういう考え方をしているか、そしてどれだけ努力をするかによって変わっていきます。

このような状況の中では、自信を持つこと、そして望みを持つことは大変重要なことです。たとえば日本の場合、第二次世界大戦の終わりに、広島と長崎において原爆が投下され、多くの人たちがひどい苦しみを体験し、これらの町は完全に破壊されてしまいました。

しかし、日本の人たちは再建の望みを捨てず、堅固な決意を維持して、一生懸命努力した結果、日本は世界でも有数の経済大国となり、大いなる繁栄を得たのです。

このような悲惨な出来事を体験した時、望みも自信も失って、厭世的な態度で落胆してしまってはいけないのです。その代わりに、望みを捨てず、自信を持って、固い決意と楽観的な態度を維持し、一生懸命努力すれば、輝く未来は必ず開けてくるのです。

二十世紀を振り返ってみると、その前半と後半では、大きな変化がありました。二十世紀前半には、究極的には戦争だけが問題解決の道だと多くの人たちが信じていて、第三次世界大戦が起きるのも避けられないとさえ考えられていたのです。

しかし、二十世紀後半になると、対話の精神、和解、平和や非暴力への願いが次第に増えていきました。今世紀に入ってもその流れは変わらず、イラク危機の前には、オーストラリア、アメリカなどから何百万人もの人たちが、明らかな反戦の意思を表明したのです。

第一次世界大戦と第二次世界大戦の時は、国家が戦争を宣言しました。そして、国民たちはみな、わずかな疑問さえ持たず、喜んで、プライドを持ってその宣言に従い、戦争に参加したのです。

しかし、戦争が終わった時、そのような態度は完全に変わってしまいました。これは、望みのあるしるしです。

今はどの国の人たちも、暴力や流血沙汰にはほとほとうんざりし、誰もが平和を心から願っています。これは明らかに、よい傾向だと思います。

さらに、新しい分野の問題として、環境問題が登場してきました。二十世紀前半には、いくつかの例外はあったかもしれませんが、環境保護の大切さや、私たち一人ひとりが地球を守る責任を負っているということなど、誰も認識していなかったのです。

それが二十世紀後半になると、政治的なグループも環境問題を取り上げるようになり、グリーンパーティー（緑の党）も登場しましたが、これらは環境問題への認識が高まったことによるよい変化です。

また、二十世紀前半には、近代科学と精神性は全く別のものであり、相互の関連性はないと人々は考えていましたが、二十世紀後半になると、人間の感情についての理解が深まり、健康と人間の感情には密接な関係があるということが明らかになって、それが広く認識されるようになりました。

宗教の話はさておいて、単に健康のためにも、私たちの感情や心についてもっと真面目に考えるべきなのです。このようにして、科学と精神性の距離はより近いものになりましたが、これもまた、よい変化の一つだと思います。

さらに、二十世紀の前半には、全体主義の社会体制が社会を変え、より幸せな社会を作ることができるという考えに基づいて、一九一七年にロシアでボルシェビキ革命が起こり、それを実行したのです。そして、他の多くの国々もそれに従いましたが、同じ二十世紀の後半には、それが全くうまくいかないことが明らかになったのでした。

人間社会においては、個人の自由が不可欠であり、個人の自由なしには、人間の自発性や創造力がうまく発揮されません。ですから、経済、科学の研究、一般教育など、すべての分野において、個人の自由が欠かせない重要な要素となっています。

二十世紀の中で、多くの全体主義の国が変わりました。それは核兵器のせいなどではなく、一般的に平和を求める動きが高まったことによって変わったのです。これは新しい変化です。ベルリンの壁がなくなり、多くのことが変わりました。

これらの事実は、一つの世紀の中ですら、人間たちが様々な困難に直面することによって、多くのより深い体験をしてきたことを明らかに示しています。人類は、時に数々の痛みを体験することによって成熟していくのです。

一九九六年に、私は英国のエリザベス二世女王のお母様にお目にかかったことがあります。その時、皇太后陛下は九十六歳でしたので、ほとんど一世紀にわたる時代の流れをすべて見てこられたわけです。そこで私は一つ質問をしてみました。

「陛下はこの二十世紀をすべて見てこられたわけですが、この世界はよくなりましたか？　それとも悪くなりましたか？」

すると、皇太后陛下は何のためらいもなく、「よくなりました」と答えられたのです。そして、皇太后陛下が若かった頃は、人権や個人の決断などについて話されることはありませんでしたが、今ではこれらのことは、いたるところで云々されるようになりました、と言われました。

これは確かな事実です。一世紀の間に、実に多くの悲惨な出来事が起こったにもかかわらず、一般的には、人間はより成熟してきたのです。ですから、世界はよりよくなっていると私は思いますし、これを理由に、未来への望みがあると言えるのです。

つまり、私たち人間がなしてしまった過去における間違い、無関心、そして無知を完全に認識した上で、新たな努力をしていくならば、残りの二十一世紀を含めて、これからの未来はより平和で、より幸せで、より平等な世界になり、環境もずっと安全なものになるでしょうし、それを実現することは可能だと私は思います。

そして、二十一世紀がより幸せで平和な時代になれば、それに続く二十二世紀、二十三世紀も、自然に幸せで平和な時代になることでしょう。

私たち人間は、宗教に信心をしていても、していなくても、西洋人でも、東洋人でも、北半球に住んでいても、南半球に住んでいても、みな同じ人間なのであり、私たちはみな、地球というこの小さな青い惑星に住んでいるのです。これが、私たちの未来の土台となるものです。

ですから今、私たちが過去になした間違いや無関心、無知について正しく分析することは、よりよい未来を築いていくために役に立つことであり、とても重要なことだと思います。

近代において、人々は物質的な価値をあまりに信用してしまい、すべての関心が物質的な向上だけに向けられてしまったため、私たち人間の持っている内なる価値を無視してきてしまったようです。

たとえば、近代教育と呼ばれるものは、知識や教養を得ることに対しては十分な関心を払ってきましたが、他の人たちに対する思いやりややさしさ、慈悲の心を育むことには、それほどの関心を払わなかったのです。それが間違いだったと私は思います。

第二に、私たちには現実に対する認識が足りず、そのために、ものの考え方と現実との間のギャップが広がってきてしまいました。

現実はどんどん変わり続けています。世界中で、人口増加、経済成長、情報の普及などが急激に進み、現実はいち早く変化し続けているのです。

仏教では、すべてのものは互いに依存関係を持っているという、縁起の見解を説いています。相互依存というこの概念は、今では意味の深い現実となっているにもかかわらず、私たちは「我々」「彼ら」というように、お互いの違いを強調するような概念に捉われています。

古代においては、たとえば日本の人たちは、日本という島国の中で満足して暮らしていて、日本のことだけを考えていればよかったのです。

しかし今では、日本の経済は他の大陸の国々に大いに依存しています。もし石油の供給がストップしてしまったら、日本はどうしようもなくなってしまい、静かに瞑想状態に入らなければならなくなってしまうでしょう（笑）。

このように、天然資源は他の国々から輸入しなければならないというのが、新しい現実です。

特に、環境問題については、世界全体が同じ問題に直面していて、個々の国家でそれを解決することはできないのが現状です。たとえアメリカのように軍事力があり、核兵器もあり、経済力があって、スーパーパワーを持っていても、アメリカは環境問題を解決することはできません。それは世界全体の問題だからであり、これが新しい現実なのです。

しかし、私たちの心の中には、まだ古代的で時代遅れな考え方が存在し続けていて、「我々」「彼ら」というような自他を区別して考える概念に捉われているため、武力を用いる戦争という手段こそ、たった一つの問題の解決方法だと思っているのです。しかしこれは、古代の現実に基づいた解決方法でしかありません。

古代の社会は、どちらかと言うと、それぞれの社会が独立していて、「我々」「彼ら」というように、自他を区別する考え方が適切だった時代でした。敵をやっつけることが、自分の勝利を意味していたのです。

しかし、今日の現実においては、すべてが互いに依存し合っているのですから、敵をやっつけることは自分の破滅を意味することになってしまいます。これが現実なのであり、私たちは現実に基づいた考え方をしなければなりません。自分の国のことだけを考えるのではなく、世界的なレベルで、もっとホリスティックなものの見方・考え方をするべきなのです。

私は、現代の問題を生み出している原因には二つあると思います。

第一は、思いやりの不足です。他の人たちに対するやさしさと思いやりを育むことに、十分な関心を払ってこなかったことです。

約千年前に、ヨーロッパでは、独立した教育機関による教育制度が始まりました。そして、人間の内なる価値や倫理に関することは、教会や家庭がその責任を負うようになり、別々の独立した組織が教育を司る時代が始まったのです。

それ以来、学校などの教育機関では、知識や教養を与えるという、脳の発達面における教育の責任だけを果たすようになりました。

そして、時が経つにつれて、次第に宗教の持つ影響力も小さくなり、家庭の価値も減っていってしまったため、人間の内なる価値をケアする者が誰もいなくなってしまったのです。

これは、大きな間違いだったと私は思います。人間が本来持っている、やさしさや思いやりなどのよき資質を高めていくというその大切な分野を、人間は無視してしまったのです。

そして第二に、ホリスティックな考え方の不足です。狭い視野から見るのではなく、ホリスティックな見方をすることは大変重要なことであり、そうでないと、現実に対する知識が不足して、問題解決のためのアプローチが非現実的なものになってしまいます。

多くの場合、問題解決のための方針は、真摯な心の動機によって意図されていますが、その手段が非現実的であるため、よい結果をもたらすことができず、逆に悲劇をもたらしてしまうことになるのです。この世界では、そのようなことは多々起きていると思います。ですから、ホリスティックな観点に立った考え方をして、現実を正しく認識し、ものの考え方と現実との間のギャップを埋めることが何よりも重要であり、必要とされているのです。

さて、人間の内なる価値、主に他者に対するやさしさや思いやりを持つ慈悲の心を促進するために、この世界にはいくつかの主だった宗教が存在しています。哲学的見解の違いや、概念の違いにかかわらず、それらの宗教がこの分野において重要な役割を果たしているのです。

神を信じる宗教の哲学的概念によれば、神という絶対的な創造主が存在していて、すべては神の意思によって作り出されています。ですから、自分がめざす目的を達成するためには、神に祈らなければならず、信心は最も重要な役割を果たすものとなっています。

一方で、仏教を含む無神教の宗教においては、創造主という概念はなく、すべてのものには因があって、その因によって結果が生じてくる、という因果の法を信じています。

このように、神を信じる宗教と無神教には、哲学的概念に大きな違いがありますが、すべての宗教が、愛、慈悲、許し、忍耐、自己規制、満足を知ることによってシンプルなライフスタイルを維持する、という同じメッセージを持っています。その意味において、宗教はみな同じであり、すべての宗教の主な教えは、愛を育むことなのです。

ですから、すべての宗教は、人間がよりやさしくなって、思いやりを高めていくために貢献する大きな可能性を持っており、その点で重要な役割を果たしています。

しかし、過去のみならず、現在もいくつかの宗教は争いを起こしていて、そのようなことがあるというのは全く嘆かわしいことだと思います。そのような争いをする宗教は、宗教という名のもとに、何か違う目的のために操られているのだと思います。

私はいつも、自分の信じている宗教に対して、誠実で真摯な態度を持つことが大切だと強調しています。宗教に信心をするかどうかは個人の自由であり、宗教を信じたくなければそれでかまわないのですが、もし宗教に信心をするのであれば、真摯な態度で信心をし、誠意を持って修行をしなければなりません。

真面目に修行することによって、何か深い体験を得ることができれば、他の宗教の価値も理解することができるのです。

私のキリスト教徒の友人たちは、お互いのことをよく知り、それぞれの体験を分かち合っていますが、そのようにすると、自然に相手を尊重し、賞賛する気持ちを持つようになれるのです。

しかし、互いに距離感を持っている時は、私たちは他の宗教に対して違和感のある態度をとってしまいます。ですから時々集まって、お互いの体験を交換するならば、相手の宗教に対する理解や尊敬の気持ち、賞賛などが育まれていくのです。これはお互いのためになることであり、とても大切なことだと思います。

今では世界各地で、宗教間の相互理解と調和を図ることへの関心が高まっていますが、これはとても重要なことなのです。

さて、少し仏教のお話をしましょう。

私は仏教の僧侶であり、私は常に自分のことを一介の仏教の僧侶だと考えていて、何も特別な人間ではなく、あなた方と全く同じ人間であるとお話ししています。

今日、ここには約五千人の人々が集まっていますが、私たちはみな同じ人間であり、肉体的にも、精神的にも、感情的にも、全く同じです。

時々、服装の色や形を変えたり、パンクなどのヘアースタイルによって、人と違う格好をすることを好む人もいます。日本人はもともと黒い髪なのに、わざと西洋人のような髪の色に染めたりする人もいますね。しかしこれらはみな、マイナーな違いにすぎません。

実際には、一皮剝けば、私たちの脳やニューロンなどは基本的に同じ構成になっていて、全く同じなのです。たとえ皮膚の色が違っていても、その中味に何も違いはありません。

ですから、私たちはみな同じ人間であり、よいことをする可能性も、悪いことをする可能性も同じように持っていて、その意味においても全く同じです。

さらに、仏教的な観点から、特にサンスクリット語の伝統に基づいて言えば、私たちにはみな、仏性《ぶっしょう》（如来蔵《にょらいぞう》、タターガタガルバ）という仏になることのできる可能性が備わっているので、その意味においても全く同じです。

そして、何よりも重要なのは、仏教の教えには、縁起の見解が説かれていることです。これは、すべてのものは互いに依存関係を持っている、ということを意味しており、縁起の見解は仏教における非常にユニークな点となっています。

仏教は、神などのこの世における絶対的な創造主や、中心的権威の存在を認めておらず、そのような考え方は仏教にはありません。

誰かがこれらのことについて釈尊にお尋ねした時、釈尊は沈黙を守ってお答えになりませんでした。これはそつのない答え方ですばらしいと思います。釈尊は、他の人たちの持っている資質や違った考え方を尊重しておられたのです。

釈尊の説かれた教えには、異なった哲学的見解があります。ある時は、外部に存在する対象物はない、という見解を説かれており、もちろん、形や色などは明らかに存在していて、誰もそれを否定することはできませんが、それらは外部対象として存在しているのではない、と説かれたのです。

しかし一方では、外部に存在する対象物はある、と全く逆のことも説かれています。また、絶対的なリアリティーは存在しない、と説かれていることもあり、絶対的なリアリティーは存在する、と説かれていることもあるので、全く矛盾する教えが説かれているように見えます。

これは何故なのでしょうか？　それは、釈尊が人々の持っている資質や関心、考え方の違いを尊重しておられたからであり、ある人たちに対しては一つの哲学的見解を説き、別の人たちには全く別の見解を説く、というように、教えを聞く人たちの適応性に応じて、それぞれの弟子に合った違う教えを説かれたからなのです。

これらのことを考えてみると、私たち仏教徒は、神を信じる他の宗教から、あるいは同じ無神教の立場をとる他の宗教から、いろいろな考え方を学ぶことができます。

たとえば、仏教と同じ無神教の立場をとるものに、ジャイナ教とサーンキヤ学派の一派があります。サーンキヤ学派は約三千年前にインドで生まれた、仏教とは違う古代哲学の一学派ですが、彼らもまた仏教と同じように因果の法を信じていて、神という創造主の存在を認めていません。

しかし、ジャイナ教もサーンキヤ学派の一派も、常住、単一、自在なる自我の存在を信じています。仏教では、このような自我の存在を否定しており、すべてのものは互いに依存関係を持っているため、常住、単一、自在なる自我は存在しないと、彼らの見解を否定しています。

このような見解の違いはあっても、釈尊が弟子たちの異なった資質や関心を尊重するために、違った教えを説かれたということを考えると、私たちも他の伝統に基づく哲学的な見解を学ぶべきだと思います。

神を信じる宗教では、すべては神の創造物である、という考え方をしていますが、無神教においては、すべては自分自身が作り出したものだ、という考え方をしています。このように、両者の間にはとても大きな基本的な違いがありますが、私たちは互いの見解を尊重するべきなのです。

何故なら、神を信じる宗教も、過去何千年にわたり、多くの人たちに対して非常に力のある愛と慈悲のメッセージを与え続けてきたからであり、キリスト教、ユダヤ教、イスラム教、ヒンドゥー教などの世界において、それぞれの宗教に基づく考え方が、何百万もの人たちの心を支えてきたからです。

過去のみでなく、現在も、そして未来においても、その教えは人々の心の拠りどころとなって貢献していく力を持っているのですから、すべての宗教を尊重するべきだと思います。

仏教のお話に戻りますが、前に申し上げたとおり、私は仏教の僧侶ですので、私が仏教の話をする時は、少々の偏見や先入観があるかもしれませんが、その辺はどうかご容赦いただきたいと思います。

仏教では、人間の心や感情について非常に詳しく説いています。どうやって心によき変容をもたらし、汚れた心を浄化したらよいのか、その方法について教えており、それが仏教の教えの主軸となっています。

仏教は、人間というレベルから出発して、阿羅漢《あらかん》や菩薩の境地に達し、そして最終的に仏陀となるための教えです。釈尊ご自身も、最初は私たちと同じごく普通の人間であり、修行を積むことによって最終的に仏陀となられました。

ですから仏教では、普通の人間のレベルから出発して、最終的に悟りを開いて仏陀となる方法を説いているのです。

神を信じる宗教においては、神の存在が出発点であり、神が私たち人間を造られたことになっているので、そこに大きな違いがあります。

仏教の教えを説かれた釈尊は、私たちの心について非常に詳しく説明されています。どういう種類の心があり、どのような感情が存在するのか、また、これらの様々な感情がどのような役割や機能を果たしているのか、どの感情が互いに相反する働きをするものかを、非常に明らかに説明されています。

たとえば、慈悲の心と嫌悪は、その本質と機能が全く相反するものであり、逆の力を持つものであるということが説かれているのです。

外部の世界に存在する様々な物質的な要素には、本質的に反対の力を持つものが存在しています。反対の力を持つものがあるということが、さらに物質的な発展や開発をしていく土台となっているのです。

もし反対の力を持つ物質がなかったら、物質的な向上を望むことはできません。これは自然の法則です。

そしてこれは、私たちの心にもあてはまります。もし反対の力を持つ感情が存在しなければ、私たちが持っている悪い感情を抑制したり、よい感情をさらに高めていったりすることはできません。

そして、よき変容をもたらすことができると言えるのは、すべてが無常だという考えに基づいています。無常とは、すべてのものは一瞬ごとに変化し続けているということであり、それがよりよい変容をもたらすことのできる土台となっているのです。

私たちのようなごく普通の人間が仏陀となるためには、まず最初に自分自身の性質について、特に心の本質をよく知ることが必要です。

今日の近代科学においては、物質的なものに関する知識は大変すばらしく、非常に進歩しています。物質的なものに関しては、仏教徒の持っている知識よりはるかにすぐれたものだと言えるでしょう。

もちろん仏教にも、原子や微粒子についての説明があり、現代の量子力学が述べていることを、二千五、六百年も前にすでに釈尊が述べておられます。しかし一般的には、物質に関しては近代科学の方がはるかに進んでいるのです。

しかし、人間の心や、特に様々な感情についての分析は、仏教の方が近代科学よりもずっとすぐれているというのが現実です。そこで最近では、多くの科学者たちが、心や感情についての情報を仏教から学びたいという熱心な態度を示しています。

仏教では、「私」や「自我」は一体どこにあるのか、そして「自我」には始まりと終わりがあるのかどうか、という考察と探求がされています。その説明には時間がかかりますので今はお話ししませんが、仏教ではこれらのことを非常に詳しく分析しているのです。

仏教では、独立した自我というものは存在していない、と主張しています。仏教的な概念に基づいて言えば、自我は、心とからだの構成要素の集まりに依存して存在しているのです。ですから私たちは、からだと心を持っているのであり、肉体面と精神面の両方をケアしていくことが大切です。

近代医学に携わる科学者たちは、からだを健康に保つために、人間の感情が大変重要な役割を果たしているということを認めています。ですから健康に関しても、からだのケアをするだけでは十分ではなく、精神面も含めて、もっとホリスティックな考え方をしなければなりません。

仏教が提供できる心についての情報はとても豊富なので、健康維持に関しても、仏教が貢献できるものはたくさんあるのです。

ふつう私は、仏教には三つの側面があると説明しています。それらは、心の分析に代表される科学的な面、哲学的な面、そして儀式と修行に関する実践的・精神的な面の三つです。

仏教は、「心の科学」とも言われていますが、第一の側面である仏教の科学的な面は、誰にでも役に立つものです。自分の感情をケアし、コントロールするためには、まずはじめにどういう感情が存在するのかを知ることが必要です。そして、それらの感情が起きてくる因と条件は何なのかを知り、それに従って、自分の持っている破壊的な感情を抑制していかなければなりません。

これらの破壊的な感情は、瞑想や祈願をするだけでは、なくすことはできません。悪い感情をなくすためには、正しい知識に基づいて、私たち自身が努力しなければならず、それ以外に道はありません。

ですから、仏教の信者であろうとなかろうと、人間の感情に関して仏教が提供している情報は、誰にとっても大変有益なものなのです。特に、仏教徒でない人たちにとっても、心に関する情報はとても役に立つものなので、是非知るべきだと思います。

次に、第二の側面である仏教の哲学的な面としては、縁起の見解がまず挙げられます。縁起の見解については、私はいつも、イスラム教徒の友人たちも含めて、多くの人たちによく話をしています。その人の信じている宗教が仏教でなくても、縁起の見解はどんな人にとっても適用できるものであり、問題を解決するためにより現実的なアプローチをすることができるので、誰にとっても役立つものとなっているからです。

ですから、何を目的としていても、縁起という考え方を知るべきだと思います。反宗教の立場の人であっても、縁起の見解を知れば、反宗教の活動が成功することは間違いありません（笑）。

たとえ誰かを騙したいと思っていても、縁起の見解とホリスティックな考え方を持つべきだと私は言っています。そうすれば、その人のやり方がより効果的なものとなるからです。

たとえば、嘘をつきたいと思っている時、その嘘がホリスティックな考え方に基づいていれば、その嘘はきっと成功するでしょうが、そうでなければ、朝ついた嘘は、午後にはもうばれてしまうことでしょう。

ですから、釈尊が説かれた縁起という仏教の考え方は、経済、健康、科学、政治、選挙、環境問題、国際的な問題など、すべての分野において適用できるものであり、この考え方は大変役に立ちます。

縁起の見解は、二十一世紀における最も重要な考え方の一つになりうると私は思っています。仏教に改宗する必要など全くありません。自分の信心している宗教を維持したままでよいのであり、無宗教の人ならそのまま無宗教でいて全くかまわないのですが、縁起に基づく考え方をすることは、誰にとっても大変役に立つのです。

これは、仏教の教えが世界の六十億の人たちに貢献できることだと思っています。もちろん、人間の内なる価値であるやさしさと思いやりを促進することについても、他の宗教との協力によって、仏教は慈悲深い人間性を高めるために、確実に貢献できる大いなる可能性を持っています。

さらに、特に無宗教の人たちにとっては、仏教的なアプローチの仕方は、単に論理的な考え方と理由に基づいていて、信心に基づくものではないため、とても適切でよいものだと思います。

第三の側面である精神的な面としては、仏教徒が実践するべき主な修行が二つあります。一つは大悲（マハーカルナー）に基づく菩提心《ぼだいしん》（ボーディチッタ）であり、もう一つは今述べた縁起の見解です。この二つを対象として瞑想し、それを実践することは、仏教徒にとって、毎日の日常生活の中で欠かすことのできないものなのです。

そろそろ時間ですが、仏教徒でない人たちは、どうか自分の宗教を維持し、仏教に改宗しようとはしないでください。そして日本では、伝統的にはもとは神道だったのでしょうが、そのあと仏教が入ってきてからは、多くの日本人が仏教徒になったので、仏教徒の人たちはできるだけ仏教の修行を実践してください。
どうもありがとうございました。

もし私の話の中に何か間違いがあったとしたら、お詫びしたいと思います。
もう時間とのことですので、誰かお一人だけから質問を受けたいと思います。どなたかいらっしゃいますか？

Q 昨日、駅で立派な身なりをした紳士の方が、二人の駅員の方を怒鳴りつけていました。私はそのそばを通った時、その状況に対してどのような態度をとっていいのかわからず、自分には調整する力も、智慧も、愛もないということを思い知りました。周りの方々も黙って通り過ぎていくだけでした。そこで、法王様がそういう状況に立ち会われた時、どのような態度をおとりになるのかと考えました。仏教では、そういう場合にどういう態度をとるべきなのか、そういう教えはあるのでしょうか？

法王 ただ叱っているだけだったら大した問題ではなく、そんなにひどいことではないでしょう。しかし、もし手をあげて暴力的になっているのだとしたら、それは防御するべきです。それ以上は、よくわかりません。

Q では、対処する勇気をどのように持ったらいいのでしょうか？

法王 もし何か助けることができるのであれば、それを実行するべきです。できないのなら、黙っていた方がいいでしょう。

普遍的な責任感——私が旅する理由

伊勢・皇學館大学　十一月十七日

私は今日、再び伊勢を訪問することができて、心の友である兄弟姉妹の皆さんにお目にかかれたことをとても嬉しく思っています。そして「伊勢国際宗教フォーラム」に参加させていただけることも大変幸せなことであり、名誉に感じています。

その理由は、私の大きな関心事であり、私自身の人生における使命だと思っていることの一つが、宗教間の調和を図るということだからです。

すべての宗教は、違う哲学的見解と歴史を持っているにもかかわらず、基本的に同じ共通のメッセージを世界に発信しています。

そして、もちろん私は、神道についてもっと知りたいという心からの願いを持っています。

今までにも、巡礼として神道の神社を訪問する機会が何度もありましたので、神社における参拝方法は多少知っていますが、それ以外には神道に関する知識はあまりありません。神道について私がわずかに知っていることは、神道では自然に対して心からの敬意を払い、平和を尊重し、清浄さを大切にするため、清めを重要視しているということです。

内宮への参拝を終えて

今日はここに学生の皆さんがいらしているようですので、学生の方々から何かご質問があれば是非お聞きしたいと思います。恥ずかしがらずにどうぞ質問してください。形式的なことは何も必要ありません。

Q1　ダライ・ラマ法王は以前、伊勢神宮にいらした時、ここに世界中の宗教の根源があるような気がする、とおっしゃったと聞いています。伊勢神宮に参られた時に、どのようなところからそう感じられたのか、詳しく聞かせていただきたいと思います。

法王　この地を最初に訪れた時、大いなる祝福を受けた恵まれた土地だという感じがしました。しかし、世界中の宗教の根源があると言ったかどうかは覚えていません（笑）。

もちろん、それぞれの宗教には、その宗教発祥の地があるので、普通はそこがどこよりも神聖な場所になっているのではないでしょうか。

日本には古代から連綿と受け継がれてきた長い伝統があり、神道が日本の国の伝統的な宗教となっているので、日本の皆さんにとっては、特に神道の神社を参拝すると、平和で清らかな精神的バイブレーションが感じられるのではないでしょうか。

Q2　本日は、法王猊下にお目にかかることができて光栄に存じます。

法王猊下は世界中を旅され、各地をまわっておられます。チベットの方々も、チベット各地の聖地を巡礼されていますが、人は何故旅をするのか、人は旅に何を求めるのか、法王猊下は、旅を通じて人が受け取るメッセージとはどのようなものだとお思いでしょうか？

法王　私にとっては、一九六七年に日本を訪問したのが初めての外国でした。その時タイにも行きました。ヨーロッパを初めて訪れたのは一九七三年のことです。そしてその時、どうしてヨーロッパの国々を訪れることに関心があるのですか、という同じような質問を受けました。そこで私はこう答えたのです。

私は自分のことを、この世界の一市民だと思っているので、ごく自然な好奇心から、世界の他の国々を見てみたいと思っていて、異なった文化や精神性、違う人々について学ぶべきだと思っていました。より多くの体験をして知識を得ることは、とても役に立つからです。それが主な理由です、と。

一九七三年のヨーロッパツアーでは、最初にイタリアを訪問し、その時のローマ法王であったパウロ六世にお目にかかりました。

実はそれまでは、ヨーロッパというのは西洋社会なので、東洋とは何かとても違った世界なのだ、という感覚を持っていたのです。ところが、イタリアのローマの空港に降り立った時、ここも同じ人間のいる国なのだ、という印象を持ちました。

同じような木や岩があり、塵があることもみな同じだと思いました。そしてイタリアに続いて、ドイツ、イギリス、オーストリアなどを訪問して、たくさんのヨーロッパの人々に会いましたが、その時、私たちは同じ人間なのだという確信を持ったのです。同じ地球という惑星の市民だという意味で、私たちはみな全く同じだと思ったのです。

それから私は、すべての人たちが全世界のための「普遍的な責任感」を持つべきだ、ということを他の人たちに話し始めました。自分自身の体験を通してそう感じたからです。昔は、アジアとヨーロッパは大変違った世界であり、大きな隔たりがあると思っていたのですが、実際にヨーロッパに行ってみると、そこにいるのは同じ人間たちだったわけです。

ヨーロッパ、アジア、という区別や、我々、彼ら、と区別して考えることこそ問題の源だと思います。もちろん、自分と違うものに対して、自然に湧いてくる興味はとても大切ですが、この世界は一つだ、という堅固な考えを持つことはもっと重要だと思います。

そこで私は、世界的なレベルにおける「普遍的な責任感」を持つべきである、という気持ちを他の人たちと分かち合いたいと思い、そういう話をするようになりました。

そして、その後もより多くの人たちと会い、この世界のありようを自分なりに判断した結果、現在私たちが直面している問題の多くは、我々人間が作り出したものなのだということを強く確信したのです。

もちろん、地震や台風などは天災です。しかし、これらもオゾン層の汚染などが一因だと考えるなら、間接的に人間の誤ったふるまいが作り出したものだと言えますが、基本的には、天災は自然によってもたらされる問題です。

しかし、テロリズムなどの多くの問題は、明らかに人間が作り出したものです。科学や技術は大いに発展しましたが、私たちはまだ非常に多くの問題を抱えています。それは一体何故なのでしょうか？

私たちには知性は十分ありますが、他の人たちに対するやさしさと思いやりが欠けているのです。そのために、世界や人間社会に対する思いやりも足りず、世界的なレベルにおける「普遍的な責任感」が不足しています。人は、敵とは絶対的なものであり、敵をやっつけることが自分の勝利なのだ、と思っていますが、それは間違いなのです。

ふつう私たちは、敵とは何か独立した別個のものであると思っていますが、実はそうではありません。実際には、私たち人間はみな、互いに依存関係を持っているので、すべての人は自分の一部だと言うことができるのです。

二十一世紀を生きる今、私たちは他の人たちを敵だと考えることはできません。すべての人たちは、実は自分の一部だからです。

ですから、今の私の第一の使命は、人間の内なる価値を促進することにあります。宗教を信仰している人にとっても、そうでない人にとっても、これは同じように重要です。

第二の使命は、すでにお話ししたとおり、宗教間の調和を図ることです。

ですから、どこの国を訪れても、私はいつも他の人々に、私たちの持っている内なる価値の重要性と、宗教間の調和を図ることについてお話ししています。そしてそれを、たくさんの人たちと分かち合いたいと思っています。

その結果として、いろいろな国に招待される機会が増え、航空券もくださいますので、招待を受けて、自然に様々な国を訪問するようになったのです（笑）。

宗教と調和

伊勢・皇學館大学　十一月十八日

私は一人の人間であり、この地球に住んでいる約六十億の人間の中の一人です。そして私のこのからだは、チベット人の両親からもらいましたので、人間の中では私はチベット人です。

そして、私は一人の仏教僧となって、真摯な態度で熱心に勉強を続けています。しかし最初の頃は、私に熱心さは全くなく、いやいやながら勉強をしていました（笑）。当然ながら望みのない学生でした。しかしその後、次第に仏教に対する心からの関心を持つようになり、自分から真面目に勉強するようになりました。そして、関心を持つと同時に、修行の実践もするようになったのです。

さて、私には、自分の使命だと思って常に心に維持していることが二つあり、どこに行ってもそれを皆さんにお話ししています。

その第一は、人間価値の促進についてであり、これは人間としてのレベルにおける話です。

私たちは、約六十億の人間が住む地球の中の、一人の人間として、人間性について心からの関心を寄せ、考慮をしなければなりません。何故ならば、私自身が属している人間社会が幸せなら、私も幸せになれますが、もしその人間社会が苦しみに満ちたものであるならば、私個人も苦しむことになるからです。

ですから、私たち一人ひとりが、人間性について、人間社会全体について考えるべき責任を負っているのです。

そこで、私自身ができることとして、私たち人間の抱えている問題の源は何なのかを常に考えるようにしています。仏教的な観点から言えば、あるいは、無神教的な考え方から言えば、物事にはみな、その因と条件が存在しています。

ですから、何らかの苦しみや問題が生じてきた時は、一体何がその問題の原因と条件になっているのかを考えてみるのです。

一般的に見れば、現代の私たちが抱えている問題は、明らかに科学技術やお金の不足から生じているのではありません。私たちはすでに、十分な科学技術もお金も持っていますし、それらに関する十分な知識も持っているからです。

そして実際にはその逆に、お金や科学技術を十分に持っていることが原因となって、多くの心配事や災いを作り出していることが多いのです。つまり、この世の中が幸せな世界になるか、苦しみに満ちた悲惨な世界になるかは、お金や科学技術をいかに使うかという私たちのものの考え方、すなわち精神的な面に依存しており、究極的には、私たちの持っている感情に深く関連しています。

たとえば、愛情、慈悲の心などの建設的なよい感情は、私たち個人、家庭、そして人間社会全体の幸せの源となるものです。ですから、私の使命の第一は、こういった人間のよき資質である人間価値の重要性を認識することによって、それらをますます高めていくことであり、それを皆さんと分かち合っていくことなのです。

私の二番目の使命は何かと言うと、宗教間の調和を図ることであり、これは宗教人として、仏教徒としてのレベルのものです。

私自身の体験から言うと、様々な宗教は、特に困難な問題に直面した時に、私たち人間に望みや熱望、励みなどを与えてくれるものだと思います。

今、私たちが生きている二十一世紀は、物質的には非常に発展した時代となっていますが、それでもまだ様々な宗教が、人間のために大きな役割を果たしていることが多いと思います。

もし宗教が単なるトラブルメーカーなら、仏教的な観点から言えば、私たちにはすべての宗教を排除する権利がありますが、現実はそうではありません。その結果として、この世にはいろいろな宗教が存在しているのです。

しかし一方では、過去のみならず、現在においても、宗教に対する信仰が人間たちの間に分裂をもたらす原因にもなっています。時には信仰のために、争いごとや流血沙汰まで起きていて、それらは大変残念なことだと思います。

このように、一方では様々な宗教は人間にとって大切な役割を果たしていますが、一方では宗教が存在するために問題を起こしてもいるのです。

では、一体どうすればいいのかと言うと、様々な宗教の存在を維持しつつ、違う宗教同士のより親密な関係を築いていくように努力することが重要であり、それは可能だと私は思っています。

たとえ哲学的な見解は異なっていても、愛、慈悲の心、許し、忍耐、満足を知る心、自己規制など、すべての宗教は同じメッセージを発信しているという共通の部分があるからです。私たちがお互いの宗教を尊敬する気持ちを持つことができれば、本当の調和を築くことができるはずです。

このフォーラムは、「宗教間の調和を図る」ということを主題としており、これは私自身が自分の人生においてなさなければならないと思っている使命の一つなので、他のパネリストの方々とともに私もこのフォーラムに参加させていただけることを、とても幸せに、そして名誉なことだと思っています。

さらに、私は他のパネリストの方々とお目にかかってその意見を聞くことを楽しみにしています。討論を通して、私も何か新しいことを学ぶことができるからです。

全く同じ理由から、もし時間があれば、会場の皆さんとの質疑応答ができればと思っています。質疑応答は皆さんにとっても、私にとっても、何か新しいものの考え方を知ることができるよい機会であり、とても役に立つからです。

さて、違う宗教間において、より親密な相互理解を深めていく方法として、世界中でいろいろな会議が開かれています。しかし、違う宗教の人たちと集まると、共通のことやよいことばかりを話したがる人も多く、お互いの違いや見解の矛盾などは無視したり、隠したりする傾向がありますが、それはよいことではありません。

私はそういう場合にどうするかと言うと、もちろん共通の考え方もたくさんありますが、特に、他の宗教との違いや見解の矛盾を明らかにして話し合うのです。そしてさらに重要なことは、それぞれに違った宗教の伝統が存在するのは何故か、ということを理解することだと思います。

他の宗教との違いについて話し合えば、すべての宗教が持っている違った見解や概念を知ることができます。すべての宗教は人間に奉仕し、役に立とうという同じゴールをめざしているのであり、それを違った方法で実践しているだけなのです。そして、違ったアプローチの方法が存在することは、必要不可欠なことでもあります。

人間には様々なタイプの人がいて、それぞれに違った時代や場所、環境のもとに住んでいる人たちがいるのですから、当然ながらそれぞれに違う生活のスタイルがあり、違うものの考え方をしています。

そこで明らかに、違ったものの考え方をしている様々な人たちは、人間価値を促進するための違うアプローチの方法を必要としています。たとえ違う哲学的見解を持っていても、同じ目的を持っているのですから、その方法が違っていることに何の問題もありません。

これが私の考え方です。このようにして、この世に存在するすべての宗教が誰かに必要とされているのだということを理解したならば、他の宗教に対する本当の意味での賞賛や尊敬を育むことができると思います。

ここで、人間の進化の歴史について考えてみると、今から四千年から五千年くらい前までは、ある種の信仰はあったかもしれませんが、哲学的見解を持つような宗教はなかったのではないかと思います。

それが紀元前三〇〇〇年から二〇〇〇年頃になると、エジプト文明、インダス文明、黄河文明などが興隆し、それとともに哲学的概念を持つ宗教が登場してきました。

そしてインドにおいては、インダス文明が興った約四千五百年くらい前に、「自我」の概念、あるいは「魂」というものについて考えられ始めたのです。

つまりインドでは、インダス文明発祥以後、「自我」とは、外の世界に独立したものとして成立し、肉体とは別個のものとして存在しているのか、そうでなければ一体どこにあるのか、などについての考察がされ始めて、その後、「自我」についての考察がますます発展していったのです。

それから、天国とか、そういった概念が発展していったのだと思います。

そういった意味において、宗教には二つのレベルがあります。

第一のレベルの宗教は、信仰のみのものです。たぶん礼拝とか、神秘的なものが含まれていたでしょうが、そこには概念や観念的なものはなく、ただ何か私たちに光をもたらしてくれるものに対する信仰だったのです。

暗闇は恐怖をもたらし、光は恐怖を取り除くものなので、光を与えてくれる太陽は聖なるものである、といった哲学的見解のないものでした。

火に対しても同じです。火は人間の生活に欠かせない大変役に立つものなので、火を崇めたり、その他にも水、空気など、生活に役立つものを大切にしてそれを信仰する、という類いのものでした。

このように、第一のレベルは、哲学的見解を持たず、祈りや信仰のみの宗教となっています。

そして第二のレベルは、信仰のみではなく、概念や哲学的見解を持っている宗教です。現在のローマ法王ベネディクト十六世が、信仰とその理由は共に存在しなければならないものである、と明らかに述べられているように、私たちは理由なしに信仰をすることはできません。そこで信仰の根拠となる概念、あるいは哲学的な見解が登場してきたのです。概念や哲学に支えられた信仰をするという第二のレベルの宗教の中には、さらに二つのカテゴリーがあります。

第一のカテゴリーは、単に神秘的なものがあるだけではなく、そこに体系的な秩序が存在するものであり、つまり、創造主の存在を信じる宗教のことです。これらの宗教では、究極的な信仰は、創造主である神に捧げられています。

第二のカテゴリーは、創造主の存在を認めず、すべての物事は単にその因と条件に依って生じている、という理論を信じている宗教です。何かが存在したから、それによって別の何かが生み出され、それがまた別のものを生み出す、という考え方です。

これは因果の法と呼ばれていて、このような考え方に従っているのが第二のカテゴリーの宗教です。

この二つのカテゴリーの宗教が持つ概念は全く違っていて、相容れない矛盾するもののように見えます。

神を信じる第一のカテゴリーの宗教には、ユダヤ教、ヒンドゥー教、キリスト教、イスラム教などがあり、道教（タオイズム）もある種の創造主を受け入れているので、このグループに入ると思います。

第二のカテゴリーである無神教には、古代インドの哲学学派の一つであるサーンキヤ学派の一派、そして約二千六百年前に興ったジャイナ教と仏教、この二つはまるで双子のようなものですが、以上の三つの宗教が入ります。

そこで、是非私が知りたいと思っているのは、神道はどちらのグループに入るかということです。

哲学的見解から言うと、神を信じる宗教の人たちから見れば、無神教の人は信仰者ではないということになります。たしかに神を信じる宗教から見れば、仏教はある意味での無神教であり、ある種の虚無主義になるわけです。

その逆に、神を信じない宗教から見ると、神を信じる宗教は絶対主義になりますから、この二つは全く矛盾する立場をとる宗教となり、この点が争いの対象になりうるのだと思います。

仏教について少しお話をしますと、釈尊の教えの中にも違う哲学的見解が存在していて、それらは互いに矛盾する教えとなっているため、それが争論のもととなることがあります。

このように、釈尊という一人の師から全く違う矛盾した教えが説かれているというのは、釈尊ご自身が混乱していたからかと言うと、決してそうではありません。さらに、違う見解を説くことによって、釈尊が弟子たちをもっと混乱させたかと言うと、そうでもありません。

釈尊が全く違う教えを説かれた理由は、多くの弟子たちの中には、様々に違った資質と関心を持った人たちがいたので、その現実に基づいて、それぞれの弟子たちに適した哲学的見解を意図的に説かれたために、同じ一人の師から違う教えが説かれることになったのです。

つまり、哲学的な見解は違っていても、よき一人の仏教徒となり、最終的に仏陀となって悟りの境地に至る、という同じ目的のために、わざと違う教えを説かれたのです。

これと同じように、ある種の人たちには、因果の法を説くよりも、神という絶対的な存在があると説き、すべては神に依存していると教えた方が、ずっと効果のあることもあります。

私はキリスト教徒の友人たちと話をした時、どうしてキリスト教では今世のことしか受け入れず、前世や来世があることを信じないのか、と聞いたことがあります。

キリスト教徒にとっては、今私たちが生きているこの人生は、神によって造られたものだという概念を信じることが、この人生は神から与えられた贈り物であるということになり、それが大きな力をもたらすことになるのだそうです。

もっと詳しく考えると、私たちのからだは両親から、究極的には母からもらったものなので、私たちの心にはごく自然に、母に対する尊敬と愛情が存在していますね。

そして私たちには、からだだけではなく、魂があります。魂がなければ、ただのからだでしかありません。魂があるということが大きな違いをもたらすのであり、誰が魂をくれたのかと言うと、それが神なのです。

そういう概念が、キリスト教徒にとっては、神に対する大変親密な感情を生み出すことになり、そうした親密感が強ければ強いほど、神に対する尊敬と愛情が芽生えてくるわけです。

すると人は、神をより親愛なる存在に感じて、神の言うことをよく聞くようになり、神の意思に従うようになります。これは大変すばらしいことです。そして人々は、神の説く愛、慈悲の心、許しや忍耐を実践するようになるのです。

ですから、ある種の人々にとっては、神を信じる宗教がより効果的で大きな力を発揮することになり、そのような人たちにとっては、仏教的なアプローチの仕方は適さず、あまり大きな効果を生むことはありません。

その逆に、仏教徒のように神の存在を受け入れない人たちにとっては、すべてのものはそれ自体の因と条件に依って生じてくる、と考える方が適しています。つまり、自分が苦しみを望まないのなら、苦しみの因を作らないようにするべきであり、幸せを望むなら、幸せをもたらすような因を作らなければならない、と考える方が合っているのです。

そのように考えることによって、苦しみを望まないのなら、他の人たちを害さず、幸せを望むなら、他の人たちに苦しみを与えないようにし、できるだけ他者を助けて、他者の心に幸せをもたらすような行ないをすることができるのです。

ですから、神を信じる宗教と無神教は、全く違うアプローチの仕方をしていますが、同じ目的を果たすために、同じ役割を担っていますね。

これが、他の宗教の持っている価値に対する正しい認識を育み、それを高めていくという、「宗教間の調和」を図るための私の方法論です。

以上です。ありがとうございました。

仏教の基礎──『般若心経』からカマラシーラ『修習次第』へ

金沢・佛性會　十一月十六日

今日は、仏教のお話をしたいと思います。法話とは言っても、フォーマルにする必要はありません。形式ばらずにいきましょう。

今日の法話の後半で、皆さんにお話ししようと思っているのは、カマラシーラ（蓮華《れんげ》戒《かい》）の書かれた『修習次第《しゅじゅうしだい》』の中篇です。これは比較的短いテキストですが、仏教の教えの真髄がコンパクトにまとめられている非常にすばらしいテキストです。全部は読まずに、要点だけを説明しながら進めていきたいと思っています。

そして、授業をやっているような感じで、皆さんも質問があればどんどんしてください。どんな質問でもいいですから、疑問点は何でも聞いてください。私が知っていることなら答えますし、知らなければ知らないと言いますので（笑）。

では、最初に私からの質問ですが、宗教の目的とは何でしょうか？

一般的には、私たちが何か問題に直面した時、自分でその問題を解決できない場合に、宗教に対する信心が心の拠りどころになることが多いのではないでしょうか。困難に直面し、落胆して絶望した時に、宗教に対する信心は、ある種の希望を与えてくれます。

人は誰でも、様々な問題に直面するものです。その昔、たとえば千年も昔に生きていた人たちもまた、彼らなりにいろいろな問題を抱えていただろうと思いますが、そういったレベルの問題もあれば、二十一世紀を生きている私たちが抱えている現代の問題もあり、それらは違ったレベルの問題となっています。

ずっと昔は、その日の暮らしをたてていくための衣食住に関する問題が多かったのではないかと思いますが、現代において、特に日本の社会では、そういった生き延びるための基本的な問題はほとんどなく、その代わりに精神苦などの心の問題が多いのではないでしょうか。

現代では、精神的な幸福感があるかどうかということが大きな問題になっていて、物質的に非常に発展した社会では、たとえ生活に困っていなくても、精神的に不幸であることから自殺をする人もいるのです。このように、精神的な苦しみから落胆したり、絶望したりするのは、心が不幸だからであり、こういった心の問題は、お金で解決することはできません。

たとえば、心がすごくかき乱されている人が心の平和を求め、いくらお金をたくさん積んだところで、心の平和を売っているところはありませんね。病院で注射をしてもらって、心の平和を得ることもできません。

物ならば、無理やり人から奪うこともできますが、心の平和は、盗んだり奪ったりすることもできません。心の平和は、自分の心の持ちようを変えることによって築くものであり、それ以外には心の平和を獲得する手段はありません。そして宗教は、心の平和を築くために必要な一つの手段となっていると思います。

宗教には、哲学的見解のあるものとないもの、という二つのグループがあります。哲学的見解を持たない宗教は、次第に衰退していってしまいます。

哲学的見解がある宗教の中には、神というこの世の創造主を受け入れているものと受け入れていないものがあります。

神の存在を受け入れているグループでは、神はすべてをお造りになった創造主であるとされていて、その考え方によれば、私たちもみな神によって創られた存在です。

ですから、私たちが苦しみや困難に直面した時も、それは神が与えたものだと考えられているのであり、何らかの理由と必要性があったから、神がその苦難を与えたのだ、と考えれば、苦しい時もいくぶんか気持ちが楽になるのではないでしょうか。

このように、神の存在を受け入れ、神という創造主を信じている宗教には、ユダヤ教、キリスト教、イスラム教、ヒンドゥー教などがあります。

一方、インドで生まれた宗教の中には、このような創造主としての神の存在を受け入れていないものが三つあります。インドの古代哲学学派の一つであるサーンキヤ学派の一派が神を受け入れておらず、あとの二つは仏教とジャイナ教です。

この三つの宗教が、神というこの世の創造主の存在を受け入れていないグループに属しているわけですが、それでは、彼らは神を信じる代わりに何を信じているのでしょうか。

これらの宗教では、私たちが望んでいる幸せや望まぬ苦しみは、どのようにして生じてくると考えているかと言うと、幸せも苦しみも、それぞれの原因と条件に依存して生じてくる、としており、因果の法を信じることが、神に対する信仰の代わりを果たしているのです。

神という創造主の存在を受け入れていないこのグループは、さらに二つのグループに分類することができます。

神の存在を受け入れないサーンキヤ学派の一派とジャイナ教の二つは、幸せと苦しみはそれぞれの因と条件から生じている、という考え方をしている点は仏教と同じなのですが、仏教との違いはどこにあるのかと言うと、苦楽を体験する主体者である自我を、常住で単一、自在の存在である、と定義している点にあります。

仏教では、この世の創造主であり、私たちに苦しみや幸せを与えるような神は存在せず、すべての苦しみと幸せは、その因と条件に依存して名義上存在しているものである、と説いていると同時に、苦楽を体験する主体者である自我も、常住で単一、自在な存在ではなく、私たちの心とからだの構成要素である五蘊《ごうん》に依存して、名義上存在しているものである、と主張しているのです。

そこで、仏教だけに特有な見解は何かと言いますと、縁起の見解、つまり、すべてのものは他に依存して生じ、存在しているというものの考え方です。

縁起の見解には、私たちが住んでいる環境世界も、その中に住んでいる命あるものたちも、すべて因と条件だけに依存して生じ、存在している、という意味における縁起の解釈の仕方が一つあります。

そして、苦楽を体験する主体者は、五蘊に依存して名前を与えられた存在である、という意味における縁起の捉え方が一つあります。

釈尊は、初転法輪《しょてんぽうりん》において「四聖諦《ししょうたい》（四つの聖なる真理）」の教えを説いておられますが、この「四聖諦」は、縁起の見解と因果の法に基づいて説かれているのです。つまり、「四聖諦」を説かなければならなかった哲学的な背景と理由は、縁起の見解があるからなのであり、それを示すために「四聖諦」を説かれたのです。

そして、苦楽を体験する主体者である自分、つまり自我は、五蘊に依存して名づけられたことによって成立しているという、無我の見解が説かれています。

この世界には、非常にたくさんの宗教が存在していますが、その中で、縁起の見解と無我を説いているのは、仏教しかありません。

キリスト教、イスラム教、ヒンドゥー教、ユダヤ教など、他のすべての宗教も、愛と慈悲の心、忍耐、満足を知る心、自己規制などの重要性については同じように説いています。しかし、これらの宗教は、この世の創造主である神を慈愛に満ちた本質として崇め、慈愛にあふれた神が私たちを非常に愛してくださっているので、私たちも神を尊敬し、心から愛するべきであり、それと同時に、神が愛しておられる他の人間たちや動物たちに対しても深い愛を持たなければならない、と、このように愛を育むべき理由を説いているのです。

仏教では、この世の創造主は存在しないという立場をとっており、私たちが体験する苦楽は、その因と条件のみによって生じてくると考えているので、他者に対して害を与えるならば、自分は苦しみを得ることになり、他者を愛するならば、自分に幸せが訪れる、と教えています。

このように、縁起と無我を説いている仏教の教えには、パーリ語の経典による伝統とサンスクリット語の経典による伝統の二つがあります。

パーリ語の経典による伝統では、自分一人の悟りを求めることが主な目的として説かれており、主な哲学的見解は、説一切有部《せついっさいうぶ》の考え方となっています。

サンスクリット語の経典に基づく伝統においては、すべての命あるものたちを救済し、利益するために、その手段として自分の悟りを求めることが説かれているので、利他行を実践して、一切智の境地を求めることが主な教えとなっています。

哲学的見解に関しては、説一切有部にも見解はありますが、主に重要なのは、経量部《きょうりょうぶ》、唯識派《ゆいしきは》、中観派《ちゅうがんは》の見解です。経量部がどちらの伝統に入るのかについては思案の余地がありますが、経量部には経典追従派と論理追従派がありますから、たぶん経量部はサンスクリット語の経典を主にしているのではないでしょうか。


最初に仏教が広まったのは、パキスタンにあるタキシラというところで、そこではパーリ語の経典に基づく伝統が主に栄えました。釈尊が入滅されてから今では約二千六百年が経ちますが、タキシラは最初の仏教の聖地の一つだったのです。

そして、釈尊入滅の四、五百年後になると、インドのナーランダーにおいてサンスクリット語の伝統が繁栄しています。パーリ語の伝統もありましたが、主にサンスクリット語の伝統が広まりました。

その後、今から約千年余り前には、ヴィクラマシーラという地で仏教が栄えています。ナーランダーもヴィクラマシーラも、インドのビハール州にあります。チベットに伝わった仏教は、ナーランダーの伝統を汲むものです。

後ほど取り上げる『修習次第』の著者カマラシーラ（蓮華戒。八世紀）は、シャーンタラクシタ（寂護《じゃくご》。八世紀）の弟子であり、お二人ともナーランダー僧院の大変有名な学匠でした。シャーンタラクシタもカマラシーラも、チベットに来られています。

「ナーランダー僧院の十七人の学匠たち」の仏画《タンカ》がそこに飾られていますね。昔からチベットで、「六人の飾りと最勝なる二人」と総称されている八人の偉大なる導師たちがいますが、私がそれに九人の導師たちを加えて十七人にしました。この十七人はすべて、ナーランダー僧院で学び、修行をされた導師たちです。

（「六人の飾りと最勝なる二人」の「六人の飾り」とは、ナーガールジュナ、アーリヤデーヴァ、アサンガ、ヴァスバンドゥ、ディグナーガ、ダルマキールティの六人、「最勝なる二人」とは、シャーキャプラバ、グナプラバの二人である。「ナーランダー僧院の十七人の学匠たち」はこれに、バーヴァヴィヴェーカ、ブッダパーリタ、ハリバドラ、ヴィムクティセーナ、チャンドラキールティ、シャーンティデーヴァ、シャーンタラクシタ、カマラシーラ、アティーシャの九人を加えた十七人である。）

そして、あちらにある仏陀《ぶつだ》釈迦牟尼《しゃかむに》の仏画の中の、向かって右側におられるのが、ナーガールジュナ（龍樹《りゅうじゅ》）をはじめとする深遠なる空の見解を説いた継承のラマたちです。そして、向かって左側におられるのが、アサンガ（無着《むじゃく》）をはじめとする広大なる菩提心《ぼだいしん》の教えを説いたラマたちです。

さらに、私の後ろに掛けられている仏画には、真中に仏陀釈迦牟尼、向かって右側にナーガールジュナ、左側にアサンガがおられます。

時々、ナーガールジュナの頭の後ろに蛇がたくさん描かれているのは何故ですか、と聞く人があり、先日も他の場所で同じ質問をされましたので、ここでもお話ししましょうか。ナーガールジュナは他の導師たちと違って、帽子を被っておられませんね。それで、頭の上に蛇の帽子を被っておられるのでしょう、と冗談で答えることもあります（笑）。つまり、蛇が描かれている理由に何も重要な意味はなく、ナーガールジュナは蛇の国を訪れて法を説かれた、という伝説がありますが、蛇はさほど重要なものではありません。

何が大切かと言うと、ナーガールジュナは数多くの著作を残されていますが、これらの著作は大変すばらしいものなので、それを読んでよく勉強することが何よりも大切なのです。

話は戻りますが、スリランカ、タイ、ビルマ、カンボジアに伝わった仏教は、主にパーリ語の伝統に基づくもので、小乗仏教と呼ばれるものであり、中国、韓国、日本、ベトナム、チベット、モンゴルに伝わった仏教は、サンスクリット語の伝統によるもので、大乗仏教の教えとなっています。

それでは今から『般若心経』を唱えたいと思います。皆さんいつも『般若心経』を唱えていますか？

私が最初に日本に来た時、ある仏教の会議に招待されて、そこで、『般若心経』を唱えてください、と言われたので、唱えたことがあります。他の人たちと一緒に唱えれば問題ないのですが、私一人で唱えたものですから、途中でわからなくなり、同じところを何度も繰り返して唱えてしまいました（笑）。

そのようなことのないように、今日は皆さん、間違えずにしっかり唱えてくださいね。

『般若心経』は、詳しくは『般若波羅蜜多心経《はんにゃはらみったしんぎょう》』と言いますが、「般若波羅蜜多」は、サンスクリット語で「プラジュニャーパーラミター」と言います。

「般若」つまり「プラジュニャー」とは「智慧」のことであり、「パーラミター」とは「彼岸に至る」という意味ですので、「般若波羅蜜多」は「智慧の完成」という意味になります。

この「智慧の完成」の意味は、心の中で二つに分類されると思います。一つは熱望、そしてもう一つは分析して調べることです。

「プラジュニャー」とは、熱望する心の方ではなく、分析して調べる方の心であり、意味を分析して調べるという智慧を意味しています。

一方で、分析して調べることはせず、これはよいものだから、これを得たい、というように、心の中でそれを求める気持ちが熱望です。執着ではなく、願いや、求める心のことです。

「智慧」を意味する「プラジュニャー」は分析して調べる心ですが、この智慧はいろいろな場合に使われます。たとえば、食事を作る時、この野菜の質はどうなのか、新鮮なのか、古いのか、などと分析して調べる心は智慧なのです。

そして、「智慧の完成」は、分析して調べる対象物について、その世俗のレベルにおける一時的なありようを調べ、さらに究極のレベルにおける真実のありようを調べる、というこの両方の分析を行なうことによって達成されます。

つまり、私たちがふだん見ている世俗のレベルにおけるありようを調べるだけでなく、究極のありようをも調べる智慧なので、「彼岸に至る」智慧であり、「智慧の完成」と言われているのです。

さらに、「智慧」には三つの分類（三慧）があります。

まず最初は、教えを耳で聞き、どうもそうらしい、と思うことによって智慧を得る段階（聞慧《もんえ》）があります。

次に、聞いたことについて何度もよく考えて、たしかにそうなのだ、という確信を持つことによって智慧を得る段階（思慧《しえ》）があります。

さらに、確信を得たことについて瞑想を続け、その理解を心に馴染ませていくと、次第に、それほどの努力を必要とせず、考えるだけですぐに心の中に強い感覚が生じるような段階に達します。これが、瞑想によって得られる智慧（修慧《しゅえ》）なのです。

そして、瞑想によって得られる智慧には、認識する主体（自分の心）と認識される対象、という二元的な現われがまだある状態における智慧と、二元の現われが完全に滅した状態における智慧があります。

二元の現われを滅した上で、究極のもののありよう（真如）を理解している心が、菩提心という方便に支えられているものを、「究極の菩提心」と言うのであり、これを「智慧の完成」と呼ぶのです。

このようにして、心の中で、智慧が初歩的なものからだんだん深遠なものになっていき、最終的にその智慧が完成されていくわけですが、その段階を表わしているのが、『般若心経』の最後にある真言です。

ガテー　ガテー　パーラガテー　パーラサムガテー　ボーディスヴァーハー

という真言には、それぞれの修行の段階における心の深遠さが表わされているのであり、この真言は、

「行け　行け　彼岸に行け　彼岸に正しく行け　悟りを成就せよ」

という意味なのです。

空の理解は智慧ですが、この智慧を完成させるには、菩提心という支えが必要となります。それは熱望の菩提心であり、何としても菩提心を持ちたい、という強い願いのことです。

熱望にもいろいろなものがありますが、その中で最も尊く、重要なものが菩提心です。

何故かと言うと、すべての命あるものたちを助けたい、という願いが生じると、その願いは汚れのない大変広大なものなので、とても強い力があり、心に勇気を与えてくれるからです。それ故に菩提心は、すべての願いの中で最も尊いものだと言われています。

そして、智慧の中で最高のものは何かと言うと、二元の現われをすべて滅した状態で、究極のもののありようを理解する心です。

このような最高の願いと最高の智慧をともに結び合わせる修行を説いているため、仏教の教えは最も深遠なものとなっているのです。

後ほど皆さんと勉強する『修習次第』中篇は、今説明した菩提心と空の見解について説かれたものです。

『般若心経』の中には、

目もなく、耳もなく、鼻もなく、舌もなく、からだもなく、心もなく、形もなく、音もなく、香りもなく、味もなく、触れられる対象もなく、現象もない。

という部分がありますね。

つまり、対象物を認識する器官である目や耳もなければ、認識する対象となる形や音などもない、と言われているわけですが、「ない」とはどういう意味なのでしょうか。
『般若心経』の最初の方に、

五蘊もまた、その自性《じしょう》のない空の本質を持つものであることを、以下の如く正しく見極めなければならない。（照見五蘊皆空）

と述べられている箇所がありますが、ここで言われているように、「ない」とは、「その自性がない」ということを意味しているのであり、「全く存在しない」という意味ではありません。

つまり、ここで述べられているとおり、「すべてのものは自性のない空の本質を持つものである」ということを理解しなければならないわけですが、その理由を、釈尊ご自身が、次のように述べておられます。

条件に依存して生じたものは、〔それ自体の力で〕生じたのではない
それには、自性による生成があるのではない
故に、条件に依存しているものは

すべて空であると説く

さらに、この偈の真意を『六十頌如理論《ろくじゅうじゅにょりろん》』の帰敬偈《ききょうげ》において、ナーガールジュナが次のように解釈しておられます。

師〔である釈尊〕は、生成や消滅などを
このようにして滅せられた
他に依存して生じるという縁起を説かれた
成就者仏陀に礼拝いたします

この偈においてナーガールジュナは、師である釈尊が、生成も消滅もない、とおっしゃっている理由は何によっているのかと言うと、縁起を理由として、生成もなく、消滅もない、と述べられていることを明らかにしています。

そして、それ自体の自性による生成や消滅を、どういう理由で否定したのかと言うと、「すべてのものは他に依存して生じ、存在している」という縁起の見解によってであり、そのような正しい教えを説かれた釈尊に対して、礼拝をしているのです。

釈尊は、「すべてのものには自性がない」という教えを説いた理由として、「すべてのものは他に依存して生じているからである」と述べておられます。そこでナーガールジュナが、「生成や消滅などはない」というお言葉は、縁起の見解を理由に説かれているのだ、と説明しているのです。

次の『中論』冒頭の帰敬偈においても同じです。

他に依存して生じたものは
滅することなく、生じることなく
断滅でもなく、常住でもなく
来ることなく、去ることなく
異なることなく、同一でもないと
戯論《けろん》を滅して、寂静《じゃくじょう》を示された
説法者の中で最も勝れた方である
完全なる仏陀に礼拝いたします

この偈では、「有《う》」と「無」という二つの極端論が否定されています。

説法者である釈尊が、「他との依存関係において生じたものはすべて、因から生じ、本質を持ち、結果を生む。このように縁によって生起するものはすべて、それ自体で生じ、それ自体で滅することはない」と言われているのです。

しかし、ものの生成や消滅などが、縁起の見解によって全く否定されているのかと言うと、そうではありません。

先ほどもお話ししたように、世俗のレベルのもののありようにおいては、どのような現象にも、生成や消滅が存在していますし、留まることも、同一であることも、異なることも、みな存在しています。

しかし、これらのことを、究極のもののありようという観点から調べると、生成も、消滅も、留まることも、同一であることも、異なることもない、と言われているのです。

ですから、『中論』の帰敬偈では、

「生成や消滅などのすべては、自性を持って存在しているのではない。説法者である釈尊は、このようにして、二元の現われという戯論をすべて滅せられた」

と述べられているのであり、その釈尊に対して礼拝しているのです。

このような意味を皆さんが正しく知ることができれば、大変すばらしいと思います。

釈尊は、「形もなく、音もなく……」と『般若心経』の中で述べておられますが、その意味は、「形や音には、自性がない」と言われているのであり、「自性がない」という意味は、「他のものとの依存関係において生じ、他に依存して存在している」ということ、つまり、「他に依存せず、それ自体の力で成立しているのではない」ということを言われているのです。

「すべてのものは空の本質を持つものである」というお言葉は、「他のものに依存して生じている」ということを理由にして説かれているのであり、「全く存在しないから空である」と言われているのではありません。

さて、空を理解することは大変重要である、と言われていますが、その理由は何なのでしょうか？

空とは、ないということではありません。すべてのものは、みな存在しているのです。しかし、すべてのものは、その自性から成立しているのではなく、空という本質を持つものなのです。

この教えは、どこが重要なのでしょうか？　釈尊は、空の教えを大変強調して説かれていますが、皆さんはそれを何故だと思いますか？

仏教の教え、中観派の教えは、虚無論ではありません。すべての存在を受け入れていますね。「ある」と言っていますね。「すべては存在しているが、その自性によって成立しているのではない」と言っていますね。

これは一体何が重要なのでしょう？　この教えを正しく理解して、それに対して瞑想しなければならない理由は何なのでしょう？

その答えは、次のように考えていくとわかると思います。

「自我」と言われるものがありますね。私たちにはみな、心の中で「私」「私」と思っている自分、つまり「自我」があります。普段は「自我とは一体どのように存在しているものなのか」などと考えてはいませんが、「私」という概念は、心にいつでも浮かんできます。

たとえば、「私の目でそれを見た」という時、「目で見た」とは思わずに、「私が見た」と思っていますね。

「耳で何かを聞いた」という時も、「私は聞いた」と思い、そう表現しています。そのような「私」があるということに、議論の余地はありません。

ここで私は、ちょっと日本人をいじめてみたいと思います（笑）。

チベット語で「私」を意味する言葉は、「ガ」という一音節の言葉です。中国語では

「オー」と、やはり音節は一つです。ヒンディー語は「ハム」で、英語も「アイ」ですから、やはり短い言葉となっています。

しかし日本語では、「わたくし」とか「わたし」など、何音節もある長い単語になっているのは何故でしょうか？

「私」という言葉は、非常に身近で、簡単に使えるものでなければなりません。幼い子供でも言えるような、言葉にもならないくらいの簡単な音でなければなりません。ですから、父を意味するチベット語の「パ」「パパ」「アパ」、母を意味する「マ」「ママ」「アマ」、私を意味する英語の「アイ」やチベット語の「ガ」などのように、少ない音節の単語が必要とされているのです。瞬間的に発することのできる最も簡単な単語がいるのに、あなた方日本人だけは、小さい時から「わたしは」などと長い言葉を言わなければならないわけですね（笑）。

日本語でファーザー、マザーは何と言いますか？

（お父さん、お母さん、短いと父、母です。）

一音節のものはないのですか？

きっと日本人には、一音節の言葉を発音することが快適ではないのかもしれませんね。魚をたくさん食べているので、音節がたくさんあっても舌がよく動くらしいです（笑）。

とにかく、「私」という感覚は、ごく自然に存在していて、すべての人が持っているものです。苦しみの感覚もまた、説明しなくてもわかるものであり、動物でも理解することができます。このように、「私」が苦しみを望まず、幸せを求める気持ちは、ごく自然の本来的なものなのです。

しかし、もし幸せや苦しみが、この世の創造主によって私たちに与えられたものだとすると、ものの考え方が全く違ってきます。そのように考えている人たちは、神という創造主だけをひたすら信じ、帰依していれば、苦しみは減っていき、幸せになれる、と信じているのです。

しかし仏教では、他者に害を与えれば苦しみを得て、他者を助ければ幸せになる、というように、幸せも苦しみも、それぞれの因と条件に依って生じてくる、という考え方をしています。

他の人たちに害を与えたり、助けたりすることは、自然に起きてくる行ないではありません。心の中に、相手をやっつけよう、という思いが起きてくるから、実際にその人を害する行ないをするのであり、他者を助ける行ないについても同じです。

ですから、人を助ける行ないも、人を害する行ないも、まず助けようという思いや、やっつけたいという心の動機によってなされているのです。釈尊は、他者を助ける行ないと他者を害する行ないの二つを、「業（カルマ）」をもたらす行ない」だと言っておられます。

そして、他者を助けようという思いと害そうという思いのうち、害そうという思いを煩悩と言い、これは苦しみを生む原因となるものです。その逆に、他者を助けようという思いは、徳を積むよい心です。

釈尊は、苦しみについての真理（苦諦《くたい》）と、苦しみの因についての真理（集諦《じったい》）を説かれており、苦しみが結果として生じるのは、苦しみの因があるからである、と説いておられます。

そして、苦しみの原因には、苦しみをもたらす行ないと、その行ないの動機となる心があります。心の動機とは、他者を害そうという思いであり、これは一般的に言えば、煩悩と呼ばれるものです。煩悩には、分類すると非常にたくさんのものがありますが、一般的にはこのように言えると思います。

私たちの心に煩悩が起きてくると、私たちの心はかき乱され、不愉快な気持ちになります。煩悩にはこのような機能があり、それを煩悩と呼んでいるのです。煩悩には、実に様々な種類がありますが、その主なものは、欲望（貪《とん》）、怒り（瞋《じん》）、無知（痴《ち》）の三つで、これらは三毒と呼ばれています。

この中で、すべての煩悩の源となっているのは無知なので、無知について考えてみたいと思います。

無知には、疎なレベルのものから微細なレベルのものまでいろいろありますが、一般的には、無知とは「知らない」ということを意味しています。

私たちはみな、苦しみを望んでいないにもかかわらず、苦しみをもたらす因をたくさん作っていますが、これは、「知らない」という無知のせいなのです。それが苦しみの因になると知りながら、苦しみの因を作っている人など誰もいませんね。ですから、私たちが苦しみの因を作り続けているのは、「知らない」という無知のせいなのです。

さらに、「知らない」ということを意味する無知には、単に知らないだけのレベルのものと、間違った見解を持っているために正しいことを知らない、というレベルの無知があります。

単に知らないだけの無知も、もちろん欠点ではありますが、これよりずっと悪いのは、間違ったものの考え方をしているために、それに迷わされていて、正しい考えを知らない、というレベルの無知なのです。

このような無知の心は、すべての煩悩の源となっており、ナーガールジュナの一番弟子であるアーリヤデーヴァ（聖提婆《しょうだいば》）は、『四百論』の中で次のように述べられています。

からだにはからだの感覚器官が行き渡っているように
無知はすべての煩悩に存在している
故にすべての煩悩は
無知をなくせば克服できる

それでは、無知を滅するには一体どうすればいいのでしょうか。

私たちは間違った見解に捉われているため、正しいものの考え方を知らずにいます。そこで、間違った見解をなくすためには、間違っていない正しい見解を知ることによって智慧を育み、その智慧によって間違った考えを取り除かなければならず、無知がなくなりますように、と祈願するだけでは、間違った考えをなくすことはできません。

では、正しいものの考え方を知る智慧とは、一体どういうものなのでしょうか。

間違った考え方とは、すべてのものはその自性によって成立している、と思っている心のことです。

しかし、もし「すべてのものはそれ自体の自性によって成立しているのではない」ということを理解すると、「すべてのものはそれ自体の自性によって成立している」という考えが間違ったものであることがわかります。

今の私たちは、「すべてのものはその自性によって成立している」という考えが正しいと信じ込んでいるのです。これが真実だと思っているのであり、その思い込みによって、魅力あふれたものを見ると、それは真実であると思い、嫌なものを見ても、それを真実だと思って、魅力あるものに対しては執着を生じ、嫌なものに対しては憎しみの心を抱いてしまいます。

しかし、自分が思っているとおりのもののありようが真実なのかどうかは、その対象物を調べてみなければわかりません。そこでそれを調べ、分析してみると、その対象物はその自性によって成立していない、ということがわかります。すると、それが自性によって成立していると思っていた心が間違った心であることがわかるのです。

このようにして、ものはその自性によって成立していると思う心を、次第になくしていくことができるのです。

そこでアーリヤデーヴァは、先ほどの偈の次に、このように述べられています。

他に依存して生じている、という縁起のありようを見たならば
無知が生じることはない

このためになされたすべての努力は
　この主題のみを詳しく説明するためである

これで、「すべてのものはその自性によって成立しているのではない」ということを知らなければならない理由は何か、という問いに対する答えが明らかに理解できましたね。

皆さん何か質問はありませんか？　今までの話の中で、さらに詳しく説明してほしい部分があったら聞いてください。

Q1　先ほどから無我についてのお話がありました。私たちは日常生活において、無我と現実の狭間でいろいろと苦しみ、それによって人を傷つけてしまっているように思います。そういう意味では、私も悪い人かもしれません。

私は職業柄、刑務所に入れられた囚人たちと会う機会がありますが、法律を犯したローアウトの人の心の中にも、良心を見ることがあります。法王様は、どういう人を善人で、どういう人を悪人と判断されるのですか？　善人と言われている人が突然悪事を働くこともありますし、悪人はなかなか善良な人にはなれない、というようなこともありますが、これはどういうところから来るものなのか教えていただきたいと思います。

法王　こういったことが起きる条件には、たぶん前世においてなしていた行ないに対する習慣性があると思います。つまり、前世で慣れ親しんでいた行ないは、今世でもつい繰り返してしまうのです。

たとえば、前世において盗みを働くことに慣れ親しんでいた人は、今世において盗んではいけないと思っても、ついやってしまうというようなことがあります。これは、以前慣れ親しんでいた行動と同じ類いのことを繰り返してしまう、という因果関係の法則の一つです。こういう業を持っているために、ある特別な傾向を示す人がいるのです。

基本的には、悪い行ないはすべて煩悩の影響によるものですが、私たちにはみな煩悩があるという点においては同じでも、その煩悩の力の強さにはいろいろ違いがあるのです。

その違いがどうして生じるのかと言うと、前世における習慣性の力によるものもありますし、今世において、煩悩に対する対策を講じようという関心があるかないかにもよります。このように、いろいろな違った原因があると思いますが、仏教的な観点から言えば、このようなことではないでしょうか。

そして、善人も悪人も変わるものであり、悪い人がよい人になったり、よい人が悪い人になったりするようなことは、どちらもあるものです。

しかし、この二つの場合の違いは、悪い人たちの方は、いつも煩悩とともに過ごしており、その煩悩は、知らないという無知に根ざしています。

その逆に、よい資質を持ったよい人たちは、知っているという心と関係を持っています。何かを正しく知っている心には、何故そうなのかという理由づけがあり、長い目で考えてみると、よい資質の方は、正しい根拠に裏づけられているため、ますますその資質を高めていくことのできる力が強いのです。

しかし、煩悩の方には、それが正しいことを裏づける根拠がないため、それを高めていく力はありません。これは、仏教的に考えれば、の話です。

あなたが囚人と関係を持ち、彼らを助ける仕事をしているというのは、大変すばらしいことです。私もそれを心から喜ばしく思います。

Q2 法王様がいつも仏教の教えとして説いておられるのは、空についてでしょうか？そして、法王様がふだん瞑想しておられるのも、今お話しになった空の心についてでしょうか？

法王 私はいつも、空と菩提心について説いています。しかし、仏教の紹介をするには、空が主な教えとなります。

アーリヤデーヴァが『四百論』の中で述べておられる偈に次のようなものがあり、私はいつもこのように考えているのです。

仏陀の説かれた隠された教えに
何か疑問が生じたら
空に依存して
二つの真理を信じなさい

また、ナーガールジュナは『菩提心釈論』などの中で、菩提心についての教えを説いておられますが、菩提心について説く前には、非仏教徒たちが主張している「常住、単一、自在である自我」の存在を否定し、無我の教えをまず説かれていますね。それによって、空の教えを理解し、空について確信を持つことができたなら、有情《うじょう》たちに対する慈悲の心を起こすことができるのは疑いのないことだ、と言われているのです。つまり、教えを説く順序は、このように進めていかなければなりません。

ナーランダー僧院の偉大な導師たちには、このような教え方の伝統がありますので、私も法を説く時には、それに従っています。そしてそのやり方は、私にとっても大変役に立っていて、私自身の修行もそのようにして行なっています。ですから他の人たちにも、そのように教えているのです。

私がただそうしようと思って、最初に空を説いているのではなく、ナーガールジュナとその弟子たちがそのようなやり方で教えを説いておられるので、そのとおりに教えるのが一番よいと思ってそうしているのです。

Q3 二年前に法王様が金沢にいらした時、「世の中は、戦争や飢餓などの不幸が蔓延しているように見えるけれども、それでもこの世界は慈愛に満ちている」と言われました。私はそれまで、どうしようもない世の中だと思っていましたが、法王様のこのお言葉に救われた思いがしました。しかし、あれから二年経ちましたが、世の中はますますどうしようもない方向に向かっているように感じ、無明《むみょう》の世界が広がっているような気がしますが、どうなのでしょうか。世界はどこに向かっているのでしょうか？

法王 私は今でも同じ思いを持っています。私は世界中のいろいろな国を訪問し、いろいろな人たちに会っていますが、世界のどの国においても、愛と慈悲の心に対する関心は高まっていると思います。それと同様に、暴力を嫌悪する気持ちも高まっていると思います。

そして科学者たち、特に医学に関わる科学者たちの中にも、愛と慈悲の心は大変重要なものであり、役に立つものであるということを認識している人たちがますます増えているのです。私はこれを、よい変化だと思っています。

学校においても、愛と慈悲の心が大切だということを教えることに、ますます多くの人たちが関心を払うようになっていますし、いくつかの大学においては、それについての研究も行なっています。私はこれらを、よい方向に向かっているしるしだと思っています。

Q4　私は地球や生き物のことについて知りたいと思っていて、そういう知識を生かして働きたいと思っています。一度それらのことについて学ぶ機会を与えられたのですが、迷ってしまって、行きたい道を選ぶことができませんでした。しかし今でも、地球のこと、生き物のことについて知りたいと思っているのですが、周りからは大学を卒業したのだから働けと言われてつらい思いをしています。しかし、私は勉強がしたいのです。これは執着なのでしょうか？

法王　私は以前日本に来た時、日本の若い人たちの中に、精神的に不幸で、落胆したり、絶望したりしている人がいて、そのために自殺する人たちもいると聞きました。

以前、アメリカやカナダには、外国に行って支援や協力をする、平和のための協力隊がありました。あなた方日本人は、教養もあり、経済的にも恵まれているのですから、助けを必要としている外国に行って、そういう仕事をすればいいのではないでしょうか。

そうすれば、自分の人生が意義あるものに感じられ、自信もついて、自分の心にも喜びが湧いてくるでしょうから、すべてにおいてよいのではないかと思います。

自分の殻に閉じこもり、不幸な気持ちを抱えて鬱々と過ごしているよりも、そういうことをした方がずっとよいのではないか、という話を前にもしたことがありますが、あなたの話を聞いてそれを思い出しました。

あなたの考え方はとてもすばらしいと思います。ですから、自分の持っている能力を生かし、自分の願いを実現できればいいのではないでしょうか。

あなたの考えている仕事はとてもよいことであり、他者を助ける行ないですから、それを実行したらよいでしょう。自分の国の中ですることも可能でしょうし、それが無理なら、外国に行ってもきっとうまくいくでしょう。

そしてまた、あなたと同じ思いを持っている人たちが、きっと同じ世代の中にいると思います。一人だけで悩んでいても、解決の糸口を見つけることは難しいでしょうから、そういう人たちとつながりを持つことはきっと役に立つと思います。そういう集まりがどこかにあるでしょうし、なければそういうグループを作り、お互いに協力すれば、必ずよい解決方法が見つかると思います。

動物たちの権利の保護など、西洋にはそういう活動をしている団体がありますし、世界でもそういう関心が高まっています。

今あなたが考えている地球や動物に対する愛は、是非とも実践するべきものであり、とてもすばらしいことだと思います。あなたの思いを私もとても嬉しく思います。

Q5　法王様の自伝を読みました。そして昨日は法王様の映画も見ました。これらを通して私なりに、法王様のご苦労や、チベット人の心を知りました。そして今日実際に法王様にお会いして、とても愉快で楽しい気持ちです。法王様といるだけでとても幸せです。ありがとうございました。
そこで質問ですが、このように感じるのは何故なのでしょうか？

法王　それは、あなた自身で考えていただくことではないでしょうか。私に会って怒る人もいるのですよ（笑）。

たとえば、私はチベットの独立を求めてはいない、とはっきり言っています。それなのに、独立を求めている、独立を求めている、とすごく非難されています（笑）。

私に会って幸せだと感じるのは、仏教的な観点から言うなら、あなたと私の間にそういう因果関係があるのかもしれません。数多くの前世における業の習気《じっけ》（潜在的な余力、痕跡）によってそういうことが起きる、というのもありうることだと思います。

Q6　質問ではなくお願いなのですが、十秒間愛を込めてアイコンタクトをしてください。

法王　愛というものは、それに慣れ親しんでいけば育まれてくるものです。

インドのテキストの中で、愛を育むために役立つ最高のテキストは、私が知っているかぎりでは、シャーンティデーヴァ（寂天《じゃくてん》）の『入菩薩行論《にゅうぼさつぎょうろん》』です。

私は一九六七年から、ずっとこの書を手元に置いていつも読み続けています。ですから、私が特に力を入れて、愛と慈悲を育む修行を始めてから約四十年経っていることになりますね。それを考えると、たった十秒間だけ実践しても役には立ちません（笑）。

そして、特に空の瞑想に力を入れて修行をしているのは、たぶん一九六二年からだと思います。非常に強く、自分の心に空を生起させようという実践です。

愛と慈悲、そして空について瞑想することは、十六、七歳の頃に始めましたが、最初の頃は修行が途中で途切れたりしたこともありますし、それほど熱心ではありませんでした。

それに、勉強を始めたのは六、七歳の頃でしたが、持続的に力を入れて学べる年頃ではないので、その頃は熱心ではありませんでした。

ですから、愛と慈悲の心を持つためには、時間をかけてよく考え、長い期間の修行を通して、それを自分の心の中に馴染ませていく訓練をすることが必要です。シャーンティデーヴァも『入菩薩行論』の中で、「慣れれば簡単にならないものは何もない」と言われています。慣れ親しめば、何でも簡単にできるようになるのです。

では、今から『修習次第』中篇の内容について説明しましょう。

このテキストの一番はじめには、縁起の見解が説明されています。

一般的には、幸せも苦しみも、その因と条件に依って生じてくるのであり、完全なる仏陀となり、一切智の境地に至ることもまた、その因と条件を作ることによってのみ成就することができる、ということが述べられています。

先ほど縁起の見解について簡単に説明しましたが、もう少し詳しく説明すると、縁起の見解には三つのレベルの解釈があります。

その第一は、因と条件に依存して結果が生じる、という意味の縁起の解釈です。この解釈は、因と条件に依って作り出された無常なる事物に関してのみあてはまります。

次に、部分に依存して全体が存在し、全体に依存して部分が存在します。一つに対して多数があり、多数があるから一つがあります。同様に、長いものに比較して短いものがあり、短いものに比較して長いものがあります。現在に対して過去と未来があり、過去と未来に対して現在が存在するのであり、現在とは一体どこにあるのか、という分析をしてみると、指をさして示せるような現在はどこにも見つけることはできません。

これらのことは、「すべての現象は他に依存して名づけられたものである」という意味における、第二の縁起の解釈となっています。この縁起の捉え方は、無常の事物に対しても、因と条件に依って作り出されたのではない永遠のものに対しても、どちらの現象についてもあてはまります。

さらに、第三の解釈として、「すべてのものは他に依存して名づけられたものである」というだけでなく、さらに微細なレベルの縁起の捉え方があります。

自我とは、五蘊に依存して名づけられただけの存在であり、五蘊をみな取り除いてしまうと、五蘊以外のどこにも自我は存在していません。

つまり、自我とは、「五蘊に依存して単に名前を与えられただけの存在である」ことがわかり、これは、第二の「他に依存して名づけられたものである」という縁起の解釈よりも、さらに微細なレベルにおける捉え方となっています。

この縁起の解釈は、「すべてのものは単に名前を与えられただけの名義上の存在である」という中観派の最も深遠なる究極の見解を示しています。

「他に依存して単に名前を与えられただけの存在」という第三の縁起の意味が、二〇〇六年にカーラチャクラの灌頂《かんじょう》を行なった南インドのアマラーヴァティーで、私の心に非常に明らかに入ってきて、その時私は非常によく理解できたのです。ナーガールジュナに縁のある場所だったので、たぶんナーガールジュナの加持と祝福のおかげかもしれません。

皆さんも縁起の意味がわかりましたね。


さて、悟りを開いて仏陀の境地に至るための主な因は何なのでしょうか。

悟りは慈悲の心、菩提心という方便の力によって完成される、と言われていますが、方便の主な修行は六波羅蜜《ろくはらみつ》の修行であり、その中の智慧の完成が主な因であると言われています。


慈悲の心を対象として瞑想するためには、苦しみについて考えなければなりません。そこで、『修習次第』中篇においても、六道輪廻《ろくどうりんね》の苦しみについて説明されています。

苦しみには三つの種類（三苦）がありますが、まず苦痛に基づく苦しみ（苦苦《くく》）について、そして変化に基づく苦しみ（壊苦《えく》）について説明されており、変化に基づく苦しみとは、汚れた類いの幸せの感覚のことを意味しています。私たちがごく普通に幸せだと思っている感覚は、実は汚れた類いの幸せでしかなく、永続する汚れのない幸せではないため、いずれ苦しみに変わってしまう本質を持つものでしかない、という意味なのです。

そして、苦痛に基づく苦しみと変化に基づく苦しみの土台となっているのが、第三の遍在的な苦しみ（行苦《ぎょうく》）です。

苦しみにはこのように三つの種類があるため、これらの苦しみから自由になりたいという願いにも、三つの種類があります。そのそれぞれの願いをかなえるための教えとして、釈尊は『楞伽経《りょうがきょう》』の中で、人と神の乗り物（人天乗《にんでんじょう》）、梵天の乗り物（梵天乗）、仏陀の乗り物（仏乗）、という三つの乗り物があると述べておられます。

人と神の乗り物とは、人と神の世界に生まれるための教え、梵天の乗り物とは、梵天の世界に生まれるための教え、仏陀の乗り物とは、仏陀となるための教えのことを意味しています。

人と神の乗り物は、主に苦痛に基づく苦しみから自由になりたいと望んでいる人たちが、その目的を達するための手段を説いている教えです。

梵天の乗り物とは、高度な精神集中の力である禅定《ぜんじょう》を得るために瞑想し、「止」と「観」の瞑想をすることによって、変化に基づく苦しみを苦しみと認識し、この種の苦しみから解放されるための手段を説く教えです。

そして、遍在的な苦しみを苦しみであると認識して、この種の苦しみから解放されることを目的とし、その手段を説いた教えが仏陀の乗り物です。この時、自分一人が遍在的な苦しみから解放されることを目的とするのではなく、すべての有情たちをあらゆる苦しみから救いたい、という願いを持つことによって、菩提心が育まれてくるのです。

その次に『修習次第』中篇では、「究極の菩提心」についての瞑想方法が説明されています。

究極の菩提心を起こすためには、空を直接体験として理解することが必要とされます。先ほど説明したように、主体と客体という二元的なものの現われをすべて滅した状態において空を理解する心です。

菩提心を維持した上で、二元の現われをすべて滅した空の理解を得るためには、空を理解する「鋭い洞察力（観）」が必要であり、「鋭い洞察力」を得るためには、「高められた一点集中の力（止）」が必要です。

そこで、まず「止」を成就するための教えが説かれているのです。

順序としては、最初に、「止」と「観」について説明し、そして、「止」と「観」を得るために必要な条件について説明し、次に、「止」を成就するための瞑想方法を説明し、その次に、「観」を成就するための瞑想方法が説明されています。

ここでは、正座して瞑想するようにとは言われていませんね（笑）。ふつう瞑想する時は、結跏趺坐《けっかふざ》を組んで、姿勢を正して瞑想します。しかし、各自自分が快適なように坐って瞑想してかまいません。

そして、瞑想する時には、瞑想の対象が必要となりますが、ここでは仏陀のお姿を瞑想の対象として、「止」を成就するための方法が説かれています。

しかし、心を瞑想の対象として瞑想することもよいとされており、禅の瞑想では、たぶんそうしているのではないでしょうか。

テキストでは、今説明したとおり、「止」の成就法について説明し、それから「観」の成就法、つまり究極の菩提心の瞑想方法が説明されています。

ナーガールジュナの流れを汲む弟子たちには、中観自立論証派《ちゅうがんじりゅうろんしょうは》と中観帰謬論証派《ちゅうがんきびゅうろんしょうは》があり、中観自立論証派には、さらに、瑜伽行《ゆがぎょう》中観自立論証派と経量行中観自立論証派があります。

このテキストの著者であるカマラシーラはシャーンタラクシタの弟子であり、ともに瑜伽行中観自立論証派の導師たちです。経量行中観自立論証派には、バーヴァヴィヴェーカ（清弁《しょうべん》）、ギャナガルバ（智蔵）がおり、中観自立論証派はどちらも『解深密経《げじんみっきょう》』を源の経典として引用しています。

一方で、中観帰謬論証派のブッダパーリタ（仏護）、チャンドラキールティ（月称《げっしょう》）は

『解深密経』を未了義の経典であるとしており、微細なレベルにおける空を説く時、『解深密経』を源として引用することはない、という違いがあります。

チャンドラキールティの書かれた『入中論《にゆうちゆうろん》』は日本語に翻訳されているようなので、それを勉強するとよいでしょう。

『入中論』の自注が日本語に訳されているかどうかわかりませんが、これも大変すばらしいテキストですので、将来これを日本語に訳すとよいと思います。

さて、「観」の成就法の説明の中で、二つの無我について説かれていますが、ここで述べられている人無我《にんむが》は、中観帰謬論証派の主張においては、疎なレベルの無我なのです。「人とは、五蘊に依存して名前を与えただけの、単なる名義上の存在でしかなく、それ自体の自性による成立を欠く空の本質を持つものである」という解釈が、中観帰謬論証派の微細なレベルにおける人無我の理解となっています。

その次は法無我について説かれており、唯識派と共通の解釈として、「外部対象は存在せず、主体と客体が不二である」という意味における空がまず説明されています。

次に、中観派だけに特有の解釈について説明されていますが、そこでは、「対象物の空のみならず、それを見ている主体となっている心も真実の成立を欠くものである」という空の解釈が出てきます。

そして最後に、方便と智慧を結び合わせて修行する方法について説明されています。そのように方便と智慧を結び合わせて修行をすると、今世において幸せになれるだけでなく、来世においても恵まれた生を得ることができて、菩薩の十地《じゅうじ》と五つの修行の道において得られる理解を順々に得て、煩悩障《ぼんのうしょう》を滅し、最終的に所知障《しょちしょう》も滅して、完全なる仏陀の境地、つまり一切智の境地に至ることができる、と説かれているのです。

これで『修習次第』中篇は終わりです。

皆さん、時間のある時によく勉強をして、確信を得られるようにこのテキストをよく読んでみてください。将来また日本を訪問することもあると思いますので、その時にもう一度時間をとって、さらに詳しく説明したいと思います。

私自身の話をしますと、私も常にお経を読んで勉強していますが、多くのゲシェたちは私よりもっと時間をかけて、苦労を重ねて勉強をしています。特にナーランダー僧院の伝統に従って修行をするためには、たくさん勉強をしてから修行をしないと、簡単に実践はできません。ですから努力を重ね、怠ることなく勉強を続けることが大切です。

皆さんも、今日は半分わかって、半分わからなかったかもしれませんが、一生懸命聞いてくださってありがとうございました。

一番大切なことは、思いやりのあるよりよい心を持とうという願いを持つことです。朝起きた時には、まず最初によい心を起こすことが大切です。そのようにして、一日のはじめに正しい心の動機を設定すれば、一日中何をしていても、それがすべて徳を積むよき行ないになるのです。

一日のはじめに、よい心を持とうという願いを起こしておけば、たとえ日中に怒ったり、言い争いをしてしまっても、ひどいことにはなりません。人間なら誰でも喧嘩や言い争いをするものであり、それをしなければ人間とは言えませんね。しかし、腹切りはしてはいけません（笑）。

今日皆さんにお話しした縁起の見解は、智慧を通して理解できるものです。たとえいかなる仕事をしていても、何をしていても、縁起の見解を忘れず、それをもとになすならば、広い視野に立って、総括的に全体像を見通すことができます。

私たちは、何かを達成しようと努力する時も、何かをなくそうと努力する時も、たいていは非常に狭い視野で対象のみを部分的に見ているだけなのです。そうなると、その周りの状況を見ることができません。そのために、自分の目的を果たすための方法手段が、現実的なものになっていないのです。

その逆に、もし全体を見通すことができたなら、もっと現実的なアプローチをすることができます。

ですから、まずはじめに、よりよい心を起こそうという願いを持ち、自分の目的を果たすための手段としては、ゆったりした心構えを持ち、より広い視野に立って、全体的に物事を見るように努力していけば、幸せな人生を歩んでいくことができるのです。

アメリカでも日本でもお話ししていることですが、自分一人のことだけを考える、というような狭いものの見方をするのではなく、このようにしてより広い視野に立って物事を考えるようにするとよいのです。

ありがとうございました。

ダライ・ラマ法王来日同行記

訳者あとがきに代えて

二〇〇七年十一月十五日より二十三日まで、ダライ・ラマ法王十四世が来日された。本書には、そのご滞在中に行なわれた講演と法話が収録されている。

今回は十一回目の来日となり、全日本仏教会からの招聘によって実現した。

二〇〇七年は、全日本仏教会の財団創立五十周年記念、そして今回の全日本仏教徒会議神奈川大会が第四十回目という節目に当たっており、その記念事業として著名なゲストをお迎えしようということから始まったそうである。他にも候補者はあったようだが、ダライ・ラマ法王のお名前があがった時、全員一致で即決されたと聞いている。

全日本仏教徒会議は、僧侶だけでなく、一般も含めたすべての仏教徒向けの会議であり、その特別ゲストとして、世界平和の象徴であるダライ・ラマ法王の名があがったのは、自然の成り行きだったのだろう。

ここでは、本文に掲載した講演以外の部分にスポットを当てて、猊下のお話やその他の裏話も交え、日本に滞在された一週間の全貌と猊下の人間像を読者の皆さんにご紹介しようと思う。

十一月十五日早朝、ＪＡＬで成田空港に到着された猊下は、金沢に向かわれるため、そのまま羽田空港に移動されて、羽田の貴賓室で朝食と休憩をとられた。日本食の中で特にうどんがお好きな猊下は、早速うどんを所望されたそうだが、調理場の都合でうどんはお昼まで待っていただくことになり、お茶と簡単なサンドイッチで朝食を済ませる。

その後、空路で金沢へ向かったが、金沢上空付近まで来ると、悪天候のためしばらく着陸できないというアナウンスが入った。冬場の北陸地方にはよくあることだそうだが、あまりに飛行機が揺れるので、不慣れな私は少々不安になる。

上空を旋回しつつ、気流が落ち着くまで待つことになったが、隣り合わせた警備保障会社の方はしょっちゅう北陸に来られるらしく、「いつも雷が鳴るとこうなるんですよ。これではちょっと無理ですね……」などと言われるものだから、余計に心配になる。

私は飛行機が揺れるのは大の苦手で、すうっと飛行機が下降するたびに緊張し、からだを堅くしていたが、この時は猊下が乗っていらっしゃるので、何かあったらどうなるのだろう、という不安が上乗せされ、余計に怖い思いをした。しかし周りを見渡してみても、猊下も随行のスタッフも、それほど緊張した気配はない。

金沢の佛性會（時輪塾）に着いてからも、その話が出たけれど、猊下も「はっはっ」と笑っておられただけで、特に怖い思いはされなかったようだ。一年の半分近くを旅しておられる猊下は、この程度のことは何度も経験されているのだろう。

昼食の時、北陸ではちょうど蟹のシーズンが始まったらしく、「法王様、蟹はお好きですか？」という話になった。最初猊下は、特に否定もされなかったのだが、「海から新鮮なものを持ってきますから」という説明に、一瞬箸を止められて、

「あぁ、海から獲ってくるの？　私は、自分が食べたいからといって、生き物を殺して食べることはできません。だから海から捕まえてくるというのはちょっと困ります」

とおっしゃった。そこであわてて、「いえいえ、生きている蟹を捕まえてくるのではなく、売っているのを買ってくるのです」と答えられたけれど、結局その場の成り行きで、その後蟹が食卓に載ることはなかった。

仏教徒は、自分の欲望から生き物を殺してその肉を食することを禁じられている。しかし、仏教徒であるチベット人は、殺生をしてはいけないと言われているのに、どうして肉食をするのか、という質問がよく出てくる。

たしかにその質問には一理あって、理屈から言えばそのとおりなのだが、チベット高原では野菜類が手に入らず、もともと遊牧民であったチベット人は、昔から肉と乳製品を主

食にしてきた。だから伝統的な食習慣として肉を食べてきたチベット人が、肉食をやめることは健康上なかなか難しいことなのだ。

　そこで、食べたいからといって動物を殺すことは禁じられているが、肉屋に売っている肉を買って食べることは許されている。討論好きの外国人が、食べる人がいるから肉屋が繁盛し、動物が屠殺されるのではないか、と反論するが、その答えは不明である。

　猊下もだいぶ前に、菜食に変えられて何年か過ごされたことがあったが、体調を崩され、チベット医学のドクターは、やはり猊下はからだのために少し肉を召し上がった方がいい、という診断をされたそうである。

　それ以来、猊下は菜食主義ではないけれど、説法などの折にいたるところで、肉は動物のからだなのだから、肉食はできるだけ少なくするべきだ、という話をされている。

　ダラムサラで猊下が説法をされる時も、お寺の周りの壁には、動物たちが屠殺される時の写真や、菜食を促すキャンペーンのポスターなどがたくさん貼られているので、チベット人の子供たちには、それを見て肉を食べなくなった子がたくさんいる。

　チベット難民学校の給食では、昔から一週間に一度だけ、金曜日に肉が出ることになっており、子供たちはみなその日を楽しみにしていたものだが、今では菜食の子供が増え、金曜日も肉入りのメニューだけでなく、菜食メニューも用意されるようになっている。

そんなわけで、北陸のおいしい蟹に舌鼓を打つ機会はなかったが、もともとチベット人は内陸に住む遊牧民族だったので、歴史的に見て魚介類には親しみがない。金沢で蟹の話になった時も、猊下は「私は貝類だけはダメなんです」とおっしゃって、顔をしかめて笑われた。

「貝って、中がズルッとしているでしょう。あれがどうも……」と言われた時の、いかにも気味悪そうなご様子に、何となく納得がいった。

魚介類に馴染みのないチベットでは、海老や蟹に相当する単語がなく、チベット人たちはそれらを「虫」という言葉で表現する。足がたくさんあるからだろう。チベット人に、「日本人は「虫」を食べる」と言われると、海老や蟹がいかにおいしくとも、さすがにゲンナリしてしまう。

二〇〇六年に広島を訪問された時も、事前に「牡蠣だけは食事に出さないでください」というお達しがあったそうである。ちょうど牡蠣のシーズンが始まった頃で、夕方宮島の町に下りると、「牡蠣鍋」「穴子飯」と書かれた紙があちこちの食堂に貼られており、それを横目で眺め、残念に思ったものだ。

十六日の午後は、佛性會のメンバーと、佛性會を通してチベットの子供たちの里親をしてくださっている方々などが集まって、カマラシーラの『修習次第《しゅじゅうしだい》』をもとに法話が行なわれた（「仏教の基礎――『般若心経』からカマラシーラ『修習次第』へ」と題して本文に収録）。昔からの馴染み深い顔ぶれに、猊下もにこやかなお顔をされている。

いつものように、「今日は、仏教のお話をしたいと思います。法話とは言っても、フォーマルにする必要はありません。形式ばらずにいきましょう」とおっしゃった後、猊下の前に用意された縦長のお茶碗をご覧になって、

「このお茶碗もフォーマルではないようですね。日本の伝統では、お茶は平たいお茶碗に入れるのでしょう？　チベット式の表現をすれば、ヤギでも羊でもない、というどっちつかずの感じですね」

とおっしゃって笑われた。

十七日は、金沢からJRで名古屋へ、そして近鉄線で宇治山田に向かった。伊勢神宮を訪問されるのは、二〇〇三年の十一月に続いて二回目である。

宇治山田駅からは、車でまっすぐ皇學館大学に向かい、皇學館貴賓室で理事長、学長、文学部長をはじめとする先生方と、挨拶を交えた短い謁見となった。

猊下は、神道についてもっと知りたいとよく口にされる。伊勢神宮参拝もこれで二回目

であり、二〇〇五年には明治神宮と阿蘇神社を訪問されるなど、今までに神道の神社を訪問する機会が何度かあったので、二拝二拍手一拝の礼など、神社での参拝方法は多少心得ておられる。しかし、

「神道について私がわずかに知っていることは、神道では自然に対して心からの敬意を払い、平和を尊重し、清浄さを大切にするため、清めを重要視しているということです」と、その後の「伊勢国際宗教フォーラム」設立総会で述べられていたように、それ以外には神道に関する知識はあまり持っておられないようだ。

今回も、最初の謁見の中で、皇學館大学には神職養成の学部があり、四年間で神道のすべてを学ぶとお聞きになると、「私も参加して是非一緒に学びたい」と述べられた。

猊下は好奇心が旺盛な方であり、特に他の宗教については、機会があればより多くの知識を得て、実践体験を交換したいと望んでおられることをたびたび口にされている。

謁見の後には、記者会見が続いた。猊下の来日のためにいつも尽力してくださる「チベット問題を考える議員連盟」の牧野聖修先生を壇上に呼ばれ、

「牧野先生は古くからのよき友人です。ここに並んで座って、記者の皆さんにチベット人と日本人の違いと類似性は何か、よく観察してもらうことにしましょう」

と報道関係者に笑顔を見せられた。

その後、皇學館大学の百周年記念講堂に移動して、「伊勢国際宗教フォーラム」設立総会の中で三十分ほどの短い挨拶のスピーチをなさった（「普遍的な責任感――私が旅する理由」と題して本文に収録）。

最初に、机の上に用意されたおしぼりを手にとって、「これは日本の伝統のようですね。日本に来ると、いつもこのようにおしぼりを用意してくださるのを儀式的なことだと思っていましたが、今日は少し暑いので、とても実用的で役に立ちました。どうもありがとう」

と、メガネをはずして汗ばんだお顔を首までゴシゴシと拭き、会場に向かって茶目っ気たっぷりのひょうきんな表情を見せてお笑いになった。

十八日の朝、猊下は伊勢神宮の内宮に参拝をされた。たくさんの人たちがお迎えに出ている参道入り口の大鳥居をくぐり、宇治橋を渡って内宮への道を辿る。神様が祭られている御正宮《ごしょうぐう》までの長い参道を早足でお歩きになり、作法どおりに御垣内《みかきうち》への参拝を済まされた。

皇學館大学では、朝から「伊勢国際宗教フォーラム」の開会式が行なわれ、その後フォーラム第一部「神と仏・自然と人――聖なるものの交感」として、国際日本文化研究センター教授の千田稔先生による「日本人の信仰と基層文化」と題した基調講演があった。

それに続いて、皇學館大学大学院特任教授の薗田稔先生による「日本におけるDeep Ecologyと宗教文化」、国際仏教学大学院大学学長の木村清孝先生による「仏教における「霊性」とその開発――自然観との関わりを中心に」、慶應義塾大学名誉教授の宮家準先生による「修験道における自然、権現（神・仏）との交感」と題した三つの基調発題がされている。

その後昼食をはさんで、伊勢神宮の吉川竜実権禰宜、東大寺塔頭上之坊住職の平岡昇修師、大峰山寺護持院櫻本坊住職の巽良仁師の三名が、各々の立場からの提言をされ、それに続いて、猊下が「宗教と調和」と題した本文掲載の特別記念講演をされた。


特別講演の前に、猊下は発題者の方たちをはじめとする関係者との謁見で、各先生の紹介と、それぞれの専門分野における研究内容などについて話を聞かれた。

その謁見が始まった時、テーブルを囲んでいた全員に紅茶が配られた。私は猊下のすぐ横に控えていたのだが、各先生の紹介が終わった時、何となく全員が緊張してかしこまっているのを見て、突然猊下は私の前に置いてあった紅茶を手にとり、私の手に渡してくださった。

「僧侶は女性に奉仕すべきですからね」

と笑顔で一言おっしゃって、全員の緊張を解いてしまわれる。私もびっくりして、あわてて両手に紅茶を押しいただいた。紅茶の受け皿には、ミルクと砂糖の小さいパックが一緒に載っている。

猊下は私に、「ミルクは入れる？」と尋ねられ、あわてて「はい」と答えた私の紅茶の受け皿から小さいミルクの容器をとると、なんとそれを開けて私の紅茶に入れてくださったのだ。

「え～っ……」と言葉にならない驚きで緊張度百パーセントの私に、さらに「砂糖は？」と猊下。再び私は頷いて「はい」。すると猊下は、砂糖の袋も手にとって、それを紅茶に入れてくださったのである。

急にその場の雰囲気が和んで、お茶を飲みながらの会話が始まった。

おそらくそういうことがなければ、誰もが遠慮して、せっかくの紅茶に手もつけずに終わっていたであろうことを予測して、そういう思いやりを見せてくださる猊下の機知に富んだ細やかさに感動させられることがよくある。

猊下がミルクと砂糖を入れてくださった紅茶は、特別の味と香りがして、私の心にしみわたっていった。

そしてこの謁見の後に、「宗教と調和」と題した猊下の特別講演が続いた。

ふだん猊下の講演を通訳している時は、自分の仕事に集中しているので、その間猊下が何をされているのかなど考えたことも見たこともなかったのだが、今回この本の原稿を書くために後で送られてきたDVDを見て、実に楽しい発見をしてしまった。

いつもそうなのかどうかは知らないが、私が通訳をしている間の猊下はまるで幼な子のように無邪気なのだ。猊下が講演をなさる時の一区切りは、結構長いことが多い。それで私はいつもノートをとるのだが、それに基づいて私が通訳する時間も、当然長くなる。

その間猊下は退屈され、会場を見まわしたり、思いつくままに茶目っ気ぶりを披露したりされているのだ。きっと聴衆の皆さんは、そういう猊下を拝見して大いに楽しんでいるにちがいない。

チベットの伝統では、ラマは法座の上に胡坐をかいて坐り、説法をされる。何時間でも、そしてそれが何日続いても、いつもその姿勢なので、猊下もその坐り方を一番快適に思っておられるようだ。

しかし法話ではなく、一般講演の時は、法座ではないゆったりした大き目のソファが用意されるのだが、猊下はそのソファの上に靴を脱いで胡坐をかいて坐ってしまわれることが多い。今回も、いつもご愛用の鼻緒つきのビーチサンダルを脱いで、ソファの上に坐っておられた。

講演中は、猊下の英語をフォローするために斜め後ろに控えている英語通訳のゲシェ・ドルジェ・ダムドゥル師に単語を確認されるため、しょっちゅうゲシェ・ラ（ゲシェは仏教の博士号、ラは敬称）の方を振り向いては、「何だっけ？」「これでいい？」などと話しかけられるので、右手をソファの後ろにまわしてかなりくつろいだお姿だった。

私が通訳し始めると、講演中にちょっと咳き込まれていた猊下は、早速あずき色のご愛用バッグの中に手を突っ込んで、のど飴の探索にかかっておられる。猊下のバッグには、いつものど飴が入っているのだ。

一つ探し当てて手にとったのは、お気に召さなかったのだろう、またそれをバッグに放り込んで別のを探しておられる。そしてようやくお気に入りを見つけ、飴の包みを剝いて口に入れると、後ろのゲシェ・ラの手にも一つ差し出され、もう一つの飴をテーブルの上のマイクの横に置かれた。

そして、足がお疲れになったのだろうか、胡坐を崩して、片足をソファからブラブラさせながら、超リラックスの体勢でのど飴をしゃぶっておられる。

そのまま「まだ終わらないの……」という感じで私の方を向き、しばらく私の横顔をじっと眺めておられたりして、ようやく私の通訳が終わると、のど飴を口の中でころがしながら講演を続けられたのだった。

そしてこの講演が終わった直後、パタンとノートを閉じた私の手に、猊下はのど飴を一つくださった。そのタイミングのよさに驚きつつ、それを頂戴したのだが、先日ＤＶＤを見て、それがこの講演の途中で、机の上にすでに準備されていたことを発見したのだ。それは、韓国のハングル文字が書かれた朝鮮人参エキス入りののど飴だった。

猊下は本当に、いつでもどこでも自然体なのである。体裁をとりつくろったり、緊張したり、偉そうにしたりされるのを見たことがない。相手が偉い人でも、庶民でも、誰に会われる時もいつも同じで、相手を心からいたわる思いやりを持っておられる。それが猊下の人間的な魅力のすべてを形作っている「秘密の鍵」なのだった。

その後休憩をはさんで、フォーラム第二部のパネルディスカッションが行なわれた。

パネリストは、ダライ・ラマ法王、フォーラム第一部で基調発題をされた三名、提言をされた三名の合計七名であり、皇學館大学教授の櫻井治男先生がコーディネーターを務められた。

パネルディスカッションでは、他のパネリストの方々からご質問やコメントをいただき、それに対して猊下が答えられる、という形で進行したので、その中での猊下の主なご発言の内容をここにご紹介しておく。

木村清孝先生が、猊下の講演のテーマであった「調和」に関して質問されたことに対し、猊下は次のように述べられた。

「調和にはいろいろなレベルがあります。たとえば、花の本質を考えてみますと、その育ち方、どれだけ花がもつか、といったすべてのことが、花に備わっている何千もの違う要素がともに働き、バランスよく調和していることによって生じてきます。

私たちのからだも同じです。健康とは、すべてのからだの要素が調和のとれた状態にあることを意味しています。ですから今日では、調和は大変重要な役割を果たしているのです。

人間とは、社会生活を営む動物ですので、社会という土台の上に成り立っています。今、世界中に住んでいる六十億の人間すべてが、経済面でも環境面でも互いにつながっていて、相互依存の関係を持っているのです。

ですから、よりよい世界を作るために、より幸せな世界にするために、より安全な世界にするために、調和は大変重要で不可欠な要素となっています。

それと同時に、個人の権利も必要であり、個人の活動も大変重要です。

たとえば、シンプルな例ですが、私たちの手にある五本の指は、何か大切な行動をする時は、五本の指がすべて一緒に調和のある動きをすることによって、物をつかんだりすることができます。

しかし、それぞれ一本ずつの指には価値がないということではなく、たとえば、耳の中がかゆい時は、小指一本で耳の中をかくことができるので、そういう時は他の指は役に立ちませんから、それぞれの指もまた、一本一本で大切な機能を果たしているのです。そのような場合には、一本一本の指の機能が役に立ち、全体としてよりも細かい働きをすることができます。

しかし一般的には、五本の指が一緒になって、調和のとれた動きをすることで、より効果的な動作ができるのです。

ですから、絶対的な個人の重要性、あるいは絶対的な調和の重要性、というように、どちらかに偏ったものの見方をすることはできないと思います。」

また、東大寺塔頭の長男として生まれ、若い頃は僧侶となることに大きな抵抗感を持っておられたという平岡昇修師が、「いつ、どのような気持ちでダライ・ラマになろうと決心されたのか、そして観音菩薩の化身としての自覚とはどういうものなのか」とお尋ねになり、猊下は次のように答えられた。

「私の母が話してくれたことによると、私が二、三歳の頃に、ダライ・ラマ十三世の生まれ変わりを探す探索隊の一行が私の家にやってきました。その時、私は幼い子供でしたが、その一行を見てとても興奮したそうです。そしてその一行が帰る時、私も彼らと一緒に行きたがったと聞いています。

ということは、何も知らない無邪気な幼い子供だった私は、一行の訪問を大いに楽しんだというわけです(笑)。

その後、自分の家を出て母と一緒にラサに行くことになった時も、私はとても喜んだそうです。それ以前も、家の自分の部屋で遊んでいた時など、よく「ラサに行きたい、ラサに行きたい」と言っていたそうです。

つまり私は、何も事情を知らず、非常に無邪気な幼児であった時から、ある種の興味と熱望を持って、ラサに行きたがっていたようです。

こうして四歳の頃、私はダライ・ラマになりましたが、それは私がダライ・ラマになろうと決めたのではなく、他の人たちが決めたのであり、その決定から逃げることはできませんでした。

その後、大きくなってからの私の関心事は、毎日の授業のことであり、休暇はありませんでした。

次に、観音菩薩としての自覚について、という二番目の質問についてですが、私は、自分が観音菩薩だと言ったことは一度もありませんし、そのように思ったことも全くありません。

私はいつも自分のことを、一介の仏教僧だと言っています。理由は、たとえ夢の中でさえ、私はいつも、自分は一介の仏教僧だと感じているからです。

自分が観音菩薩だなどと思ったことはありません。ただ一人の比丘《びく》として、僧侶としての生き方をし、自分の戒律を守っているだけであり、それが私自身に対して持っている最も身近な感覚なのです。私の一僧侶としての生き方は、誰にも変えることはできません。

しかし、私はダライ・ラマと呼ばれる存在であり、人々が私をダライ・ラマだと定義するなら、私はダライ・ラマであり、人々がダライ・ラマだと思わなければ、ダライ・ラマではありません。それは単なる定義であり、名前でしかありません。

一僧侶としてこういうことを言うのはよいことではありませんが、釈尊がおられた時代から、私のいくつかの前世としてのダライ・ラマが、チベットやインドにおいて有名な存在であったというわずかな認識はあります。これは、多くの人たちが同じような関心を持っているので、お答えするのです。

しかし、私は神ではありませんし、菩薩ではありません。菩薩という存在に関して言えば、私は菩薩ではありませんが、菩薩候補の一人だと言えるかもしれません。何故なら、私の修行する目的と願いは、菩薩となることであり、特に大乗仏教の伝統に基づいて言えば、最終的な目的は完全なる仏陀の境地に至ることだからです。

私たちにはみな、同じように仏性《ぶっしょう》が備わっているのですから、まず菩薩となり、菩薩の修行を実践することによって、仏陀の境地に達することが最終目的とされています。

ですから、その目的に達しようというのが私の願いなのです。

そこで私は、毎日朝早くから、利他の心である菩提心《ぼだいしん》について、そして究極の真理の姿である空について、主に分析的な瞑想をしています。」

そして最後に、修験者である巽良仁師から、「混乱した時代の中で、これからの世界を背負っていく若者たちに、生きていく意義を見出し、勇気が出るようなメッセージをお願いしたい」と求められて、猊下は次のように述べられた。

「先ほどの講演でも申し上げたとおり、全体としての人間性の問題を考えていくためには、人間価値を促進していくことが必要だと、私はどこでもお話ししています。人間価値の促進とは、私たち人間の心に備わっているよき資質を高めていくことを意味しています。

何故それが重要なのかと言うと、私たち人間の未来がどうなるかは、完全に今の私たちの肩にかかっているからです。自分の未来に関する責任は、今の自分自身にあるのであり、他の人に頼ることはできません。

自分自身の未来を切り開く準備は自分でしなければならず、誰かに代わってもらうことはできません。これは非常に明らかなことです。

もちろん、神を信じる宗教においては、神に信心して、自分の願いがかなうよう祈願することはできますが、すべてを神に依存するわけにはいきません。

神も、私たちに自由な選択と意思を与えてくれているのですから、最終的には、自分の未来は私たち自身が責任を持って築くべきものなのです。

これと同様に、あなた方日本人が直面している問題は、日本人が対処していかなければなりません。どうしてそういう問題が起こったのかを考え、何が間違っていたのかを分析し、それによって対処法を見つけるべきだと思います。

それが唯一の道であり、誰もあなた方のために答えを与えてはくれません。ですから、日本で起きている一つ一つの問題の解決策は、あなた方が自分で見つけなければならないことだと思います。

もちろん私は、日本が抱えている問題を解決できるような知識のある専門家ではありませんが、私が知っている範囲でお話しするならば、日本は明治維新まで世界から孤立していて、自分たちの伝統のみに従って生きてきたのだと思います。

それが、明治時代以降、外の世界を見るようになり、新しい知識や技術を学んで、最終的にすぐれた科学技術を獲得し、日本は工業化の進んだ近代国家となったのです。

特に、第二次世界大戦の終わりには、日本は原爆を実際に体験した唯一の国となってしまいました。とても悲しい出来事です。私も広島と長崎を訪れた時に、それが本当に悲惨な出来事であったことを知りました。

そしてその後の日本は、ドイツがそうであったように、焼け野原の灰の中から立ち上がったのです。そのような状態で、二、三世代の間、日本は主に外面的な世界における物質的な向上をはかることだけに集中して、それを追い求めてきました。

そして今の日本は、物質的な問題ではなく、精神的なレベルの問題に直面しています。お金や物質的なものだけでは、そのような精神的な危機を乗り越えることはできません。アメリカやヨーロッパも同じ体験をしており、こういった状況を「近代の危機」と呼ぶ人たちもいますが、これは明らかに物質的価値の限界を示しています。

そこで今、内面的な価値と、外面的で物質的な価値のバランスをとるべき時が来ているのです。すべての望みと信頼をお金や物質的なものに期待しても、問題は解決しません。ですから今、物質的な向上に加えて、内なる価値の重要性により多くの関心を払うべきだと思います。

前にお話ししたとおり、私には神道についての知識はあまりありませんが、神道は日本人の文化と自然観にとって、一つの重要なアイデンティティーとなっているものだと思います。

ですから神道は、日本人の生活の一部分であり、文化遺産なのです。本当の意味での日本人として、何世紀にもわたって伝えられた日本の文化遺産を守ることは、大変重要なことだと思います。

一方で、仏教は、外国から日本に入ってきた宗教です。チベットも同じで、仏教は私たちの国の伝統的な宗教ではなく、他の国から伝えられて入ってきたものでした。

フォーラムの最後に

七、八世紀頃のチベットを治めていた国王は、大変開かれた心を持っていたようで、「隣の国には一体どんないいものがあるのだろう」とチベットの周りを見渡し、宗教に関してはインドが最高のものを持っていることを知り、インドで生まれた宗教である仏教をチベットに取り入れたのです。

チベットにも、昔からの伝統的な宗教であるボン教が存在していたので、初期の段階においては、新しく入ってきた仏教との間にいろいろ困難なことがありましたが、仏教はチベット古来の宗教であるボン教を助け、ボン教はそのおかげで大いに発展したのです。

日本も、インドで発祥した仏教を中国や韓国を通して取り入れ、仏教を国の宗教として受け入れてきました。神道を国の文化遺産として、日本人の特別なアイデンティティーとして維持しつつ、仏教の伝統を取り入れ、この二つの宗教を結び合わせることで、内なる価値や心の幸せを育むために、はかり知れない利益を得ることができたのです。

ですからこれからも、より深い考察を重ねていくことによって、現在の危機を乗り越えていくための、より実際的で効果のある解決方法を見つけることが必ずできると私は思います。

日本のこれからを担っていく若い人たちにとって、今、私が申し上げたことが、少しでも参考になれば幸いです。」

十一月十九日は、伊勢より横浜への移動日となり、二十日には「第四十回全日本仏教徒会議神奈川大会」の一環として、「信ずる心と平和」と題した、本文掲載の猊下の特別記念講演が行なわれた。

全日本仏教徒会議の特別行事は、十九日と二十日の二日間にわたって開催され、猊下の特別講演に先行して、十九日にはいくつかのテーマでパネルディスカッションが行なわれている。

たとえば、「アジアの平和と仏教徒の役割——日本仏教青年の可能性を求めて」と題した第一分科会では、「日本はアジアの中で物質文明の頂点に立ち、平和な社会を謳歌して、あたかもリーダーのようにふるまっているが、果たしてその実体は本当にそう言えるものなのだろうか。アジア諸国から羨望視されている日本が、本当に平和をリードできるのか」というテーマで話し合われた。

全日本仏教青年会直前理事長の坂本観泰師のこの提言を、「がんばれ仏教」と日本仏教にエールを送り続ける東京工業大学大学院准教授の上田紀行先生をコーディネーターに、愛知学院大学非常勤講師のギャナ・ラタナ・テーラ師、アーユス仏教国際協力ネットワーク理事の本多静芳師、チベット仏教普及協会（ポタラ・カレッジ）副会長のクンチョック・シタル師をパネリストに迎え、全日本仏教青年会事務局次長の今泉光暢師を書記として、国外からの視点と国内からの視点で語り合った。

二十日の猊下の特別講演は、横浜みなとみらいにあるパシフィコ横浜の国立大ホールにおいて開催され、約五千人収容の大きなホールは、仏教関係者、僧侶の方々だけでなく、多くの一般の人たちで満席となった。

はじめに猊下より、全日本仏教会と神奈川県仏教会へ仏像が贈呈され、厳かな雰囲気の中で始まった講演は、猊下の気さくなお人柄によって次第にくつろいだ雰囲気となり、思いやりによって現代を生きる智慧を教えていただいた。

二十一日は横浜から八王子へ移動し、東京八王子時輪塾（ペンデリン）を訪問して昼食をいただいた後、八王子ホテルニューグランドにおいて、記者会見と本文掲載の「現代社会と精神的価値」と題した講演が行なわれた。

ここでは、猊下と長年の知己である方々をはじめ、八王子仏教協会の僧侶の方々、市民の皆さんを中心に、約三百五十名の方々が集まり、女優の木内みどりさんが司会をしてくださって、うちとけた雰囲気の講演になった。

二十二日は、東京にある二つの男子校を訪問された。

午前中は、曹洞宗に属する世田谷学園である。

世田谷学園は、今年で創立百六周年を迎えるが、その前身は四百十五年ほど前の文禄元年（一五九二）に、僧侶の教育機関として始まったそうである。十二歳から十八歳までの中学・高校の男子生徒がここで学んでいる。

以下は、講演に先立って行なわれた、世田谷学園の校長先生はじめ役員・先生方と猊下との謁見における会話である。

「外国語は勉強していますか？」

「はい。英語を教えています。今日の講演は英語でお話しいただけるのでしょうか？」

「私の英語はブロークンですよ。でも大半の日本人よりはましですが（笑）。しかしイギリスなどで話をする時は、ちょっと恥ずかしい思いをします。

最初にここに到着した時、両脇に並んでいた子供たちが、四角い布を首に掛けていましたが、あれは何ですか？」

「あれは絡子《らくす》と言いまして、主に日常や旅行の時などに用いる小型のお袈裟です。この学校には、仏教青年会に所属する生徒とそうでない生徒がいます。絡子を掛けている生徒はお寺の子供で、掛けていない生徒は普通の家庭の子供です。」

「ここの学校の子供たちは、全員仏教の授業を受けているのですか?」

「はい。週に一回仏教の授業があります。その他、曹洞宗の学校なので、毎年十二月一日から八日間は、朝早くから坐禅を組む行事があります。そして週一回金曜日の朝には、曹洞坐禅会があります。」

「それは大変すばらしい! 若い頃から瞑想に慣れ親しんでおくことは大変いいことですね。」

「この学校には坐禅堂があるので、帰りに是非お立ち寄りください。」

「朝集まって坐禅をする時は、どのくらい坐るのですか?」

「五十分くらいです。」

「ちゃんと坐らないと棒で叩かれるのでしょう? 後で私も皆さんと一緒に二十分くらい瞑想していいですか? 叩かれる心の準備もありますから(笑)。」

「あの棒は警策《きょうさく》と言うのです。お帰りに一本プレゼントしましょう。」

「それよりも、私はあの棒で是非一度叩かれてみたいんですよ(笑)。きっとここにいる牧野先生も叩かれる用意があるにちがいありません(笑)。」(牧野先生のご実家は曹洞宗のお寺である。)

「以前、チベットハウスのドブン・リンポチェがいらしたことがありますが、リンポチェには警策で叩かせていただきました。」

これを聞いて、猊下はさも愉快そうにからだを揺すって大笑いをなさった。

「そういえば、最初に日本に来た時、一緒に来た私の世話係の僧侶が、姿勢が悪いとかで叩かれていましたよ。強くではなかったですが。」

一同この話題ですっかり和み、笑いに包まれた楽しい謁見となった。

その他、禅の修行者には特別な食事制限などがあるのか、とお尋ねになり、修行道場では肉などはとらず、精進料理だけである、とのお答えだった。


講演が終わった後、時間の都合でたった五分ではあったが、猊下はご希望どおり、学園の僧侶の方々や学生たちと一緒に、坐禅堂で坐禅を組まれた。

曹洞禅の瞑想方法に従って、学園の皆さんは全員壁側に向かって坐ったが、猊下は普通どおり、壁に背を向けて坐られたので、瞑想中の猊下の写真を撮ろうと集まった人たちは嬉しかったにちがいない。

「あの棒で叩かれてみたい」と猊下がおっしゃったにもかかわらず、当然ながら猊下の背中を叩く勇気のある人がいるわけもない。その代わりに、お約束どおり、帰りがけに一本の警策がお土産として猊下に捧げられたのだった。

世田谷学園での講演の後、私たちは護国寺に向かった。

護国寺は、二〇〇六年に「チベット砂マンダラ」、二〇〇七年の春には八日間にわたって「チベット・スピリチュアル・フェスティバル」を開催する場を提供してくださったお寺である。

護国寺に到着された猊下は、お迎えに出られた岡本永司貫首の手をとられ、歓迎の人々が並んでいる参道を、一緒に歩いて本堂である観音堂に向かわれた。

護国寺の本尊は、この観音堂に安置されている如意輪観音《にょいりんかんのん》（平安期）であり、護国寺の建立を発願された徳川五代将軍綱吉公の生母である桂昌院《けいしょういん》様のご寄進で、普段は秘仏とされているそうだ。時々開帳され、その際の開帳法要は、日本密教の作法に則った厳粛な法《ほう》会《え》であり、猊下が本堂を参拝されている間、その開帳法要が行なわれていた。

八人の僧侶たちが本尊両脇に立って声明《しょうみょう》「四智梵語」を唱え、華を散らし続けるとても厳かな雰囲気の中で、猊下は五体投地礼をされ、合掌して祈りを捧げられた。

そして、境内で最も美しい紅葉の見える本坊書院で昼食と休憩をとられ、そこで、貫首はじめ護国寺の僧侶の方々との謁見が行なわれた。

その書院の床には、二つの掛け軸が掛けられており、それは真言宗の八祖師の中の、ナーガールジュナ（龍樹菩薩。真言宗では龍猛《りゅうみょう》菩薩と言う）とそのお弟子であるナーガボーディ（龍智菩薩）の仏画だった。

後でお聞きすると、この二人の導師たちには、何百年も生きられたという言い伝えがあるので、猊下も同じようにご長寿であられるようにという願いを込めて、この日のために特別にこの掛け軸を飾ってくださったそうである。

これらの仏画はふだん飾られるものではなく、真言密教の奥義を伝え、阿《あ》闍梨《じゃり》の資格を授与する大法要の時だけに掛けられる特別な掛け軸なのだそうだ。

そして猊下は、その掛け軸に大変なご関心を示された。それというのも、ナーガールジュナの手に、密教の象徴である金剛杵《こんごうしょ》が握られていたからである。

猊下はそこで、次のようなお話をされた。

「釈尊という同じ師を持つ弟子であり、サンスクリット語の伝統に基づく仏教徒であり、密教の教えの修行者である、という三つの点において、護国寺の皆さんと私たちは同じです。

ここに掛けていただいた二つの仏画に象徴されるように、チベット仏教では、ナーガールジュナの書かれた論書を主に勉強しており、ナーガボーディの書かれたいくつかの密教の論書をもとに、密教の修行をしています。

そして特にすばらしいことは、この仏画のナーガールジュナは、その手に金剛杵を握っておられますね。

中観《ちゆうがん》哲学の偉大な導師として『中論』を著わしたナーガールジュナと、密教の教えである秘密集会《ひみつしゆうえ》の実践法について『五次第』を著わしたナーガールジュナが同一人物かどうか、という論議が昔から世間にはあり、西洋の多くの学者たちがそれを異なる人物としているのに対して、チベットでは同一人物であることを主張しています。

それがこの仏画によって、私たちの意見が正しいことが証明されたのです。大変すばらしいことです！

私の友人である日本密教の修行者たちも、私たちチベット人と同様に、中観派の導師であるナーガールジュナが、密教の教えを護り伝える修行者であったナーガールジュナと同一人物であることを信じている、という話を、私はこれから先どこへ行っても、他の人たちに話したいと思います。」

猊下は非常にお喜びになった。

実際に猊下は、法話の折にはどこでも、この論議についての話をよくされているが、そ

ナーガールジュナの掛け軸の前で（護国寺）

の後年が明けて、毎年三月頃ダラムサラで行なわれているチベットのお正月明けの法会でも、猊下はそのお言葉どおり、昨年日本でこういう仏画を見た、という話をされたのだった。

実は、この話には後日談がある。この間のゴールデンウィークに、護国寺の僧侶である伊澤元祐さんという方がダラムサラに来られた。伊澤さんは、大変謙虚なすばらしいお坊さんで、岡本貫首の了解を得て、猊下が大層お気に召したナーガールジュナの仏画を複製し、チベット風の表装をつけて、猊下への贈り物として持ってこられたのだ。

伊澤さんはその短いダラムサラ滞在中に、猊下が秘密集会の灌頂《かんじょう》を授与されるという偶然に出会い、その上、猊下はその法会の初日に、この仏画を参加者一同に見せられ、護国寺での話をされて、儀式が終了するまでの三日間、ナムギャル寺本堂の猊下の玉座の後ろにこの仏画を飾られたのだった。

そして法会がすべて終了すると、猊下は本堂からパレスにお帰りになる時に、伊澤さんの席に歩み寄って手を差し伸べられ、お別れの握手をされて、その後猊下が心を込めて開眼供養をされた釈迦如来の仏像を、返礼として護国寺に贈られたのだった。伊澤さんは、想像すらしていなかった事の成り行きに、いたく感激し、涙ぐんでしまった。

猊下は常に、チベット仏教が古代インドのナーランダー僧院の伝統を受け継ぐものであること、そしてご自身が、ナーランダー僧院の偉大な学僧であったナーガールジュナの教えを受け継ぐ弟子であることを強調されている。

それで、猊下が法話をなさる時のテキストには、ナーガールジュナの著作が実にたくさん取り上げられており、法話の中では、ナーガールジュナの書かれた偈がいたるところで引用されていて、法話のはじめには、必ず『中論』の最初と最後にある礼拝の偈を唱えられている。

これらのことを考えると、護国寺で出会ったナーガールジュナの仏画が、どれほど猊下のお心を喜ばせたか推し測れよう。たぶん猊下にとって、そのお言葉どおり、二〇〇七年の来日は忘れられないものとなったにちがいない。

その日の午後は、護国寺と縁のある日本大学豊山中学校・高等学校を訪問され、「意義ある人生と教育とは」という主題で講演をされた。この学校も男子校であり、高校一年生と二年生の約千人の生徒たちと先生方が講演会場に集まった。

ここの生徒たちは、元気いっぱいのエネルギーにあふれていて、講演を終えた猊下のお見送りには、あちこちから大きな声援が飛び、頬を紅潮させた生徒たちが握手を求めて、先を争って手を差し出していた。

今回は、十代の男子学生を対象にした講演が二つあったが、いじめや引きこもり、登校拒否や自殺など、子供たちも様々な社会問題を抱えている現代の日本で、彼らの輝くエネルギーが花開き、猊下のお話を人生の道しるべとして、自分自身の人生を切り開いていってくれるよう心から願っている。

こうして一週間にわたるすべての行事を終え、猊下は十一月二十三日に成田からインドへと帰っていかれたのである。

私たちは、世界の中でもより恵まれた環境にありながら、些細なことに悩み、内向しがちな現代人の弱さを克服して、未来への希望を持つための智慧を学んだのではないだろうか。

以上で、昨年の猊下来日の同行記は終わりだが、今年の三月以来、チベット本土では数々の抗議運動が激化し、チベットは世界中の注目を集めることになった。

しかし、チベットの悲劇は今に始まったことではなく、過去五十年以上にわたってこのような深刻な状況が続いている。人権問題に関心の高いヨーロッパやアメリカでは、チベット問題はすでに多くの人たちの知るところであるが、日本では今回の暴動によって、やっとその一端が報道されるようになったばかりである。報道関係者にも、真実を把握している人が少ないのが現実だ。

基本的に猊下は、一般講演や法話には政治的な問題を持ち込まないという姿勢をとっておられるので、ここでチベット問題に触れるべきかどうか迷ったのだが、マスコミ等の報道が十分行き届いていない日本の状況を考え、この場を借りて、チベット問題の現実と、暴動前も暴動後も変わらない猊下の一貫したお考えを記しておきたいと思う。

以下の記述は、三月の暴動直後、ダラムサラで諸外国の報道関係者を対象に行なわれた、猊下の記者会見をもとにまとめたものである。

今年の三月十日は、一九五九年にラサで起きたチベット民族独立蜂起の四十九周年記念日に当たり、その日からチベット本土では、中国の抑圧に対する抗議運動が激化した。長年にわたり、中国共産党によって言論と宗教の自由を弾圧され続けてきたことへの怒りと、チベット亡命政府の掲げてきた平和的解決手段が効果をもたらさないことへの不満が爆発したのだ。

一九七九年に、中国共産党の実権を掌握して間もない鄧小平氏が、「独立以外のすべての問題は解決されうる」と宣言したことを機に、チベット亡命政府はそれまでの方針を変えて、それ以後は中国政府に対して、チベットの完全独立を求めていない。

その代わり、外交と国防は中国政府に委ね、それ以外の宗教、文化、経済面におけるチベット人による高度な自治を求めている。これは、極端論を滅して中道を行くことを説いた、仏教の中観思想に基づく「中道のアプローチ」と言われるものであり、チベット人が中華人民共和国という枠組みの中で、真の自治を得るために掲げられた平和的解決をめざす政策である。

猊下は、「チベット問題解決のためには、チベット人と中国人の双方に有益な解決策が必要である。チベット人は反中国的感情を持つべきではなく、好むと好まざるとにかかわらず中国人とともに生きていかなければならないのであり、中国との友好的な関係を維持することが何よりも重要だ」と言われている。

しかし現実には、ラサに漢民族が続々と送り込まれ、その人口が二十万以上になったのに対し、チベット人の人口は約十万しかなく、文化的大虐殺が起きているという事実が大変憂慮されている。チベット民族がチベット自治区の中で少数派になり、第二階級となってしまった今、チベット人も毎日中国語を使わざるをえなくなり、チベット語が必要とされなくなっている。

さらにチベット本土では、僧院における仏教の勉強にまで中国政府が干渉している。思いどおりに仏教を学ぶことすらできず、毎年多くの僧侶や尼僧たちが自由に仏教を学べる場を求めてインドに亡命している。

昨年は、チベット仏教の高僧の生まれ変わりを認定する活仏制度を中国政府の許可制にする、ということまで法律化された。宗教を認めない中国政府が活仏制度に干渉することは、チベット仏教の伝統を覆すのみならず、宗教の自由に対する侵害である。

古代から受け継がれてきたチベットの伝統と文化遺産は、こうして今、死につつある。慈悲の心に基づいた文化遺産は、自己規制や他者への尊敬と思いやりの心を育むものであり、これは近代国家として急速に発展しつつある中国の人たちにとっても大変有益なものなのだ。

教養ある中国人たちは、すでにチベット文化の重要性に気づいている。チベット文化の保存は、多くの中国の若者たちに大いに貢献できるものであり、冷静に考えれば、亡命政府による中道のアプローチに基づく解決策は、中国にとっても大いに価値のあるものなのだ、と猊下は言われる。

一方で、チベットは豊かな天然資源に恵まれた地域だが、物質的には遅れていて、チベット人たちはみな近代化を求めている。そこで中国がチベットに高度な自治を許してくれれば、中国という枠組みの中で、チベット人は物質的な向上を得ることができる。青蔵鉄道の建設に関しても、多くの人たちが反対したが、猊下はそれを歓迎された。鉄道の建設自体は前向きの姿勢であり、物質的向上の象徴だからだ。しかし、それを政治的に利用するなら話は別だ。

北京オリンピックに関しても、猊下は最初から賛成されていて、中国が開催国にふさわしい平和と自由と平等の精神を持ち、世界から信頼されるような国になることを心から望まれている。多数の中国人たちがそれを望み、楽しみにしているのだから、彼らの願いを尊重するべきだというのが猊下のご意見だ。

ある記者が、「現在の緊張した状況に対して、法王猊下は精神的にどのように対処しておられるのか？」という質問をし、猊下は次のように語られている。

「この暴動が起きた当座、私は一九五九年に亡命を余儀なくされた時と同じ悲惨な体験をした。毎日本土からの情報が届き、この数日は心配と不安で押し潰されそうだった。しかし、夜いったん眠りにつけば、そういう感情に邪魔されることなく眠ることができる。それには秘訣があるのだ。長年の心の訓練の結果である。

私は毎日朝三時半に起きて瞑想をし、祈りを捧げるのだが、その瞑想の中で「トンレン」と呼ばれる修行を毎日行なう。「トンレン」とは「ギブアンドテイク」の意味だが、相手の抱えている苦しみや不幸を自分がすべて引き受け、その代わりに自分が持っている徳や心の平和など、すぐれたものをみな相手に与える、という観想を行なうのである。

そこで、中国人や暴動を起こしているチベット人たちの怒りや憎しみ、不安や疑惑など、すべてのネガティブなものを自分が引き受け、自分の心の平和と徳を彼らに与える、という瞑想をするのだ。実際にそうなるわけではないが、私の感情面においてはこれが大いにうまく働いている。

心が怒りに満ちていれば眠ることもできない。心配や不安があると心の平和は乱され、チベット問題の解決はない。

これは個人、家庭、社会、国家、国際社会のレベルにおいても同じことであり、恐怖、不信、疑惑があると、それは問題解決の大きな障害となる。

真の問題解決は、互いを尊重し、信頼することから生まれる。そして、リアリティーを正しく見てアプローチすることが重要であり、心が惑わされているとリアリティーは見えない。

だから、すべての人たちに、状況を現実的に見るようにと私は言っている。」

「私には中道のアプローチを続けていくことを堅く守る信念があり、今回の暴動が起きたことにかかわらず、私の使命は変わらない。

中国からの独立を求めてはいないし、独立を求めているチベット人たちを扇動してもいない。この暴動は、私たちのコントロールを超えたものであり、私が彼らをコントロールすることなど不可能なことなのだ。

私たちの武器は正義と真実であり、その結果が出るには時間がかかる。」

今もチベット本土で起こり続けている実態の詳細は、いまだ十分に伝えられていないが、日本の皆さんがチベット問題に関心を持って、事態を注意深く見守り、何が真実なのかを正しく理解し、判断されることを心から望んでいる。

最後に、非常にご多忙な時間を割いて日本を訪問してくださり、挫けがちな私たち日本人の心に愛と勇気を与えてくださったダライ・ラマ十四世法王猊下に心からの感謝の気持ちを捧げます。

そして、猊下の来日中、常に細かい気配りをしてくださり、この来日講演集の出版に関しても大変お世話になったダライ・ラマ法王日本代表部事務所代表のラクパ・ツォコ氏と、すべての編集作業を担当してくださった大蔵出版編集部の上田鉄也氏に、深くお礼を申し上げます。

チベットに一日も早く平和と自由がもたらされることを心から願いつつ

二〇〇八年七月三十一日　ダラムサラにて

マリア・リンチェン

[訳者紹介]
マリア・リンチェン（日本名　鴨居真理）

高知県生まれ。早稲田大学理工学部建築学科卒業。一級建築士。1985年よりダラムサラ在住。チベット亡命政府の依頼で伝統文化継承の拠点となるべきノルブリンカ・インスティテュートの設計・建築に携わり、同時にゲシェ・ソナム・リンチェン師に師事、仏教を学ぶ。ダライ・ラマ法王をはじめとするチベット高僧の講義や講演の通訳を務め、2000年以来、法王来日時の通訳も担当する。

訳書に『ダライ・ラマ 智慧と慈悲』『ダライ・ラマ〈心〉の修行』『ダライ・ラマ 慈悲の力』『思いやり』などがある。

ダライ・ラマ法王日本代表部事務所（チベットハウス）

インド・ダラムサラにあるチベット亡命政府及びダライ・ラマ法王の日本・東アジアにおける唯一の公式代表機関。チベットハウスはダライ・ラマ法王日本代表部事務所文化部の別称。

チベットハウスでは、日本の皆様に幅広くチベットの情勢、国際状況、ダライ・ラマ法王の活動等の情報等を提供するため、3ヶ月ごとの広報誌「チベット通信」の発行をはじめ、ホームページの作成、各種の広報文化活動を展開しています。

[連絡先]
住所　〒160-0022　東京都新宿区新宿5-11-30 第五葉山ビル5階
電話　03-3353-4094　FAX　03-3225-8013
ホームページ　http://www.tibethouse.jp
Eメール　lohhdl@tibethouse.jp

[著者紹介]
ダライ・ラマ14世テンジン・ギャツォ
(H. H. the Dalai Lama, Tenzin Gyatso)

1935年、チベット東北部アムド地方に生まれる。2歳のとき転生活仏ダライ・ラマ14世と認められる。1949年の中国のチベット侵略に伴い、15歳で政治・宗教両面の国家最高指導者となる。1959年に亡命。インドのダラムサラに亡命政権を樹立。チベット問題の平和的解決を訴えつづけ、1989年にノーベル平和賞受賞。全チベット人が祖国復興の悲願とともに、ダライ・ラマ法王に絶大な尊敬と信頼を寄せている。
著書は『ダライ・ラマ 智慧と慈悲』『ダライ・ラマ〈心〉の修行』『ダライ・ラマ 慈悲の力』(以上春秋社)、『思いやり』(サンマーク出版) など多数。

ダライ・ラマ 未来への希望

2008年10月10日　初版第1刷発行

著　者　ダライ・ラマ14世テンジン・ギャツォ
訳　者　マリア・リンチェン
発行者　青山賢治
発行所　大蔵出版株式会社
〒113-0033
東京都文京区本郷3-24-6 本郷サンハイツ404
電話　03-5805-1203　FAX　03-5805-1204
http://www.daizoshuppan.jp/
装　幀　大友　洋
印刷所　中央印刷株式会社
製本所　株式会社難波製本

ISBN 978-4-8043-3069-3　C 0015　Printed in Japan